DIABLESAS Y DIOSAS
(14 PERVERSAS PARA 14 AUTORES)

GUILLERMO CABRERA INFANTE
ALBERTO CARDÍN
JAVIER COMA
MANUEL DELGADO RUIZ
LLUÍS FERNÁNDEZ
JAVIER GARCÍA SÁNCHEZ
LUIS GASCA
JOSÉ LUIS GUARNER
JOSÉ MARÍA LATORRE
EMILI OLCINA I AYA
FERNANDO SAVATER
EMILI TEIXIDOR
ENRIQUE VILA-MATAS
LUIS ANTONIO DE VILLENA

EDITORIAL LAERTES

Editores de la colección
Joaquim Romaguera i Ramió
Eduardo Suárez

© Guillermo Cabrera Infante, Alberto Cardín, Javier Coma, Manuel Delgado Ruiz, Lluís Fernández, Javier García Sánchez, Luis Gasca, José Luis Guarner, José María Latorre, Emili Olcina i Aya, Fernando Savater, Emili Teixidor, Enrique Vila-Matas y Luis Antonio de Villena.
© de la presente edición, Laertes, S.A. de Ediciones, 1990.
Montseny, 43, bajos. 08012 Barcelona (España).

Diseño interior y cubierta
David Soler
Realización editorial
Marge
Impresión
Romanya Valls, S.A.
Capellades (Barcelona)

ISBN
84-7584-144-9
Depósito Legal
B. 28.004 - 1990

ÍNDICE

Nota a la Edición 7

Bad Babs
Guillermo Cabrera Infante 9

The Devil is a Transvestite
Alberto Cardín 17

Ángeles del mal, ensueños funestos y falsas heroínas:
la mujer Fatal en el Cine Negro
Javier Coma 25

¿por qué es Bette Davis Buena para Pensar?
Manuel Delgado Ruiz 35

Lana Turner: la Perversa Doméstica
Lluís Fernández 49

Mi Adorable Idiota
Javier García Sánchez 63

Las Perversas de luto y con candelabro
Luis Gasca 85

El Sí de la Niña
José Luis Guarner 93

MARNIE, LA PERVERSA INOCENTE
José María Latorre *103*

LADY GODIVA EN EL LABERINTO
Emili Olcina i Aya *115*

¡MUÉRDEME, BÁRBARA!
Fernando Savater *133*

LA PANTALLA GENERACIONAL
Emili Teixidor *141*

LA NOVIA DE ROCCO
Enrique Vila-Matas *151*

GRETA GARBO: LA FLOR DE AQUERONTE
Luis Antonio de Villena *161*

ÍNDICE ALFABÉTICO *171*

NOTA A LA EDICIÓN

El presente volumen es producto de la invitación hecha a catorce escritores para que cada cual, por su cuenta y a su manera, escribiese sobre alguna figura femenina del cine asociada con la idea del Mal. Se pretendía (y entendemos que se ha logrado), mediante las aportaciones de autores de características lo bastante diferenciadas para constituir un muestrario diverso y representativo, ofrecer un panorama fidedigno de los resultados imaginativos de la asociación de tres elementos: la mujer, el cine y la perversidad.

Se ha buscado, deliberadamente, que la mayoría de los escritores no sean especialistas en cine, aunque todos sienten por él el lógico interés y poseen los conocimientos cinematográficos que pueden esperarse de personas enfrentadas de modo constante al manejo de ideas, imágenes y sensaciones. Figuran entre ellos novelistas, ensayistas, filósofos e historiadores. Todos ellos han elaborado sus trabajos con total independencia y sin ninguna otra imposición editorial que la de remitirse al tema general del volumen, garantizándose con ello la libertad creativa y la personalización de los temas y los tratamientos literarios; pese a lo cual, como descubrirá el lector, todos los autores, dentro de una vertiginosa diversidad, coinciden básicamente en valorar, por encima de cualquier criterio moral, la magia y la fascinación de la mujer, el cine, y la conjugación de una y otro.

Consideramos que el número de los autores y la diversidad de enfoques convierten este libro en un muestrario válido (y en una exposición profesionalmente competente) de la actitud general del hombre ante la figura femenina en la pantalla de cine. Junto a este propósito exploratorio e informativo relativo al cine, y como consecuencia lógica del sistema empleado para su elaboración, el libro es y quiere ser una aportación literaria que cumpla, entre otras muchas cosas, con el requisito básico de divertir.

En atención a los lectores especialmente interesados por las informaciones y valoraciones cinematográficas, el volumen se completa con un índice alfabético donde figuran todas las personas y los films citados. Ese índice, además de ser un material de consulta, facilitará, en muchas ocasiones, el contraste de los diversos modos en que una misma personalidad del cine o un mismo film han sido abordados por distintos autores y, al mismo tiempo, permite, sin quebrantarse la unidad de criterios informativos, que cada autor cite los films, a su libre arbitrio, con el título en lengua original o traducido.

Los Editores

DIABLESAS Y DIOSAS

Bad Babs

GUILLERMO CABRERA INFANTE

BABS es Barbara. Bad Babs es Barbara la Mala. (No confundir, por favor, con Barbara LaMarr, bella y voluptuosa, que se suicidó con mala morfina cuando no tenía más que 29 años: así morían las exquisitas del cine mudo, así murió Jeanne Eagels.) Barbara es Barbara Stanwyck que murió de muerte natural a los 82 años, hace poco. Ella es la más mala, la más buena, la más mala de las malas, mala mala, y cuando es buena es mala, pero cuando es mala es peor. Muchos de su compañía irían a escupir sobre su tumba de haber vivido tanto. A un señor castellano en la Edad Media le recomendó su confesor *in articulo mortis*: «Perdonad, sire, a vuestros enemigos». Contestó el señor con su último aliento: «No tengo enemigos, padre. Los he matado a todos». El único de los enemigos de Babs que queda vivo es Kirk Douglas, que debutó con ella en *El extraño amor de Martha Ivers*. Kirk era su amigo de niños y después fue su marido. Pero Barbara quería a Van Heflin, que era, doble destino y desatino, un don nadie decente. Barbara, ya de niña, era una asesina y ahora cuando insta a Kirk a matar al Van bien difícil ella es la bestia blanca que debe morir a manos de Kirk, la bestia blanda.

En *Baby Face* (Cara de niña) ella no es mala, sino amoral. De hecho Babs, con los dientes aguzados y su mirada coloidal, es una idiota moral que, como todos, cree que la astucia es una virtud. El nombre de zorra le viene perfecto por su habilidad para escurrirse y por ser una golfa de solfa. Al revés de muchas heroínas del cine ella proyecta la inmoralidad en movimiento, casi como una mentira a 24 cuadros por segundo. Se la ha descrito como la mujer de las dos caras. Es cierto, y las dos son malas. Sin embargo no hay monotonía en su maldad.

En *El amargo té del general Yen*, Barbarita tiene una pesadilla que se le convierte en fantasía sexual: el alto y fuerte general chino derriba primero su puerta y después traspasa el umbral de su virginidad. Pero una novia americana (y para colmo misionera) no debía tener entonces otro contacto con un chino que el de entregarle la ropa blanca para lavarla. La guarida del soldado es exquisita (*chinoiseries* a pasto, gabinetes laqueados, candiles de incienso), pero el desdén con el desdén se paga: él la ha repudiado a ella al principio, cuando su primer encuentro, en una populosa calle amotinada del Shanghai de la guerra de los señores de la guerra.

En ese intercambio inicial aparece el desprecio que siente el general por la vida ajena, y por la propia. Babs, recién casada pero todavía virgen, protesta ante el general por haber atropellado con su limusina al *boy* que tiraba de su ricsa con un rictus. El *boy* está ahí tieso y el general no puede resistir una declaración de muerte: «En ese caso, señora, si está muerto debe él de agradecérmelo. La vida, aún en sus momentos cumbre, apenas vale la pena». Ante tal tánatos el erotismo recién despierto de la Stanwyck no hará más que escalar la cumbre de una vida condenada a muerte. Barbara Stanwyck hace de este encuentro uno de los grandes momentos de amor del cine, pero su intensidad, como la velocidad de la limusina negra, no logra más que condenar al señor chino. El general, como dice el argentino, va al muere al amanecer.

En *Baby Face* la cara de niña en que culmina su cuerpo fácil de peligrosa oportunista carnal, que escala de cama en cama todo un edificio de oficinas, también conduce, entre refajo y relajo, a la muerte del cacique de la razón comercial, en lo que podría llamarse el café con leche con azúcar de un *businessman*. Su carita aparenta lujuria pero su cuerpo sólo quiere lujo. En *Recuerda la noche* ella es una ladrona de tiendas con su usual desfachatez no en la tez, sino en toda la piel. Esa piel, que ella oculta y revela como un *striptease* moral, aparece en *Bola de fuego* enmarcada por lúcidas lentejuelas que tienen reflejos dorados sobre sus muslos y sus piernas que pecan con pecas (Babs es pelirroja natural) paseándose provocadora entre siete eruditos como una Blanca Nieves corista y corita, con los reflejos inmodestos como espejos: «Díganme, espejitos, la verdad. ¿Quién es la más procaz?» La princesa duerme con siete enanos adultos, adustos, en un bosque de libros.

La Stanwyck, como la llama siempre el historiador del cine John Kobal o simple pero mordaz Miss Stanwyck en la voz burlona del pintor José Miguel Rodríguez, que en Madrid la pinta rodeada de angelitos pardos con humor negro, Stanwyck, como la quieren las feministas, Babs para mí, su íntimo mirón, es la reina del cine negro. Pero también de comedias en blanco y negro donde su reputación debía ser de color escarlata. La obra maestra en este estilo, estilete, es *Señora Eva/The Lady Eve*. Ella forma con su padre y un cómplice una banda de tres, todos tramposos, jugadores con cartas marcadas. Ver a la mala jugando a ser buena y a la buena por las malas, es una delicia, una malicia al ser ella Eva y a la vez la serpiente y la malsana manzana. Esa mujer, créanme, era una biblia negra.

En *Thelma Jordon* (más propiamente *El expediente de Thelma Jordon*) Babs es de mala ralea. Si en *Martha Ivers* mata a su tía de niña, en *Thelma Jordon* es la dama de compañía de una vieja millonaria, y no hay que tener la imaginación de Edgar Poe para saber qué pasará una noche. Pero en una y otra película se las arregla para hacerse de cómplices que son un marido débil y un débil amante que es ahora asistente del fiscal. Al final la vieja rica y el casi fiscal no ven en sus ojos ese brillo duro que Barbara Stanwyck suele ocultar tan bien entre pestañas para revelarlo como la uña del gato que juega un rato con el ratón y luego, regla del juego, la clava certero.

En *Sorry, Wrong Number* (Número equivocado) Barbara es la víctima pero sólo de sí misma. Se llama con acierto Leona pero, inválida mental, vive en la cama donde muere, tullida toda, una verdadera leona histriónica, sus garras hundidas en carne propia. En *Stella Dallas* es el instinto materno que causa su miseria aunque ella, toda instinto, recibe su engaño con verdadera alegría. La Stanwyck es, posiblemente, la actriz del cine que mejor muestra sus instintos, de vida pero también de muerte. En *Carne y fantasía* ella es el mal y el bien a la vez como el sueño de Charles Boyer que se convierte en pesadilla. Boyer es un célebre equilibrista y en su fantasía fatal ve a la Stanwyck en el público, sus pendientes que lo suspenden en la cuerda floja entre la vida y la muerte.

Nunca una actriz llevó su fuerza dramática en sus objetos de vana fruslería, de inanidad visual, un juego de abalorios. Como dice el bolero «la vida todo me enseñó / ésa es mi universidad», pero donde el bolero dice vida yo puedo decir cine. Yo no sabía nada del amor en el cine hasta que todo, de pronto, me lo enseñó Barbara Stanwyck, virgen vertiginosa. El vértigo no es sólo el tiempo que ha pasado o el tiempo del cine, sino el espacio de la pantalla. Ella, con una enorme peluca rubia que le hacía a la vez menos cuello y más baja, dispuesta a tejer, tejiendo ya, su red de mentiras de amor y engaño con que captura al macho, que era yo, que fui yo, que soy yo en el cine, dentro ya de la pantalla, viviendo su sevicia todavía. Salía ella del piso alto de la casa californiana en que vivía la fiera adúltera para encontrar su incauta presa abajo. Se oía su reclamo (nasal, inolvidable, toda ella hecha de engaño y sexo a la vez, la voz) y enseguida comenzaba a bajar la escalera lateral. Sólo se veía entonces su pierna perfecta (su mejor parte) que llevaba un guillo al tobillo izquierdo, esclava que me ató para siempre a esa pierna (y a la otra en sombras) y a la mujer a que pertenecía toda esa parafernalia para el amor y para el sexo violento y fatal. Era yo el bolero.

El título de la película es *Double Indemnity*, que a veces se llama *Perdición* y otras *Pacto de sangre*. Prefiero por supuesto esa original doble indemnización que es un contrato mortal. Al final, de ambos amantes, Barbara Stanwyck trae envuelta en un pañuelo de seda una pistola, que coloca debajo del sillón donde se sienta. Se prepara para matar a su amante después que juntos han cometido adulterio y un asesinato por dinero no por amor. Ella enciende un cigarrillo a la espera que es más bien un acecho. La luna delata la llegada del amante, el macho de la mantis atea, y ella advierte, «Aquí, Walter», indicando su posición estratégica. Walter, que se llama para mí Walter Ego, viene hacia la mantis, la amante, Phyllis, Barbara, Bad Babs lo ve ir a la ventana donde él cree cancelar la luna. Ella, en la penumbra malva, malvada, recobra (doble cobra) su revólver y dispara. Walter Ego no está más que herido y viene ahora hacia ella. «Lo siento, nena», dice él, «pero no voy a ser tu reo». La abraza él y ella dice sola, sólo, «Apriétame». Hay otro disparo y otro y los ojos de ella se llenan de lágrimas mientras tiembla en sus brazos. Dice Walter, «*Goodbye, baby*», y casi dice Babs. La luna vuelve para brillar, para siempre, en la esclava de la mujer muerta.

Muchos de los que la conocieron en el cine podrían escupir sobre su tumba sola. Pero no yo. Como un Walter Ego ahora más certero que con sus balas torpes yo diría:

By by, Babs.

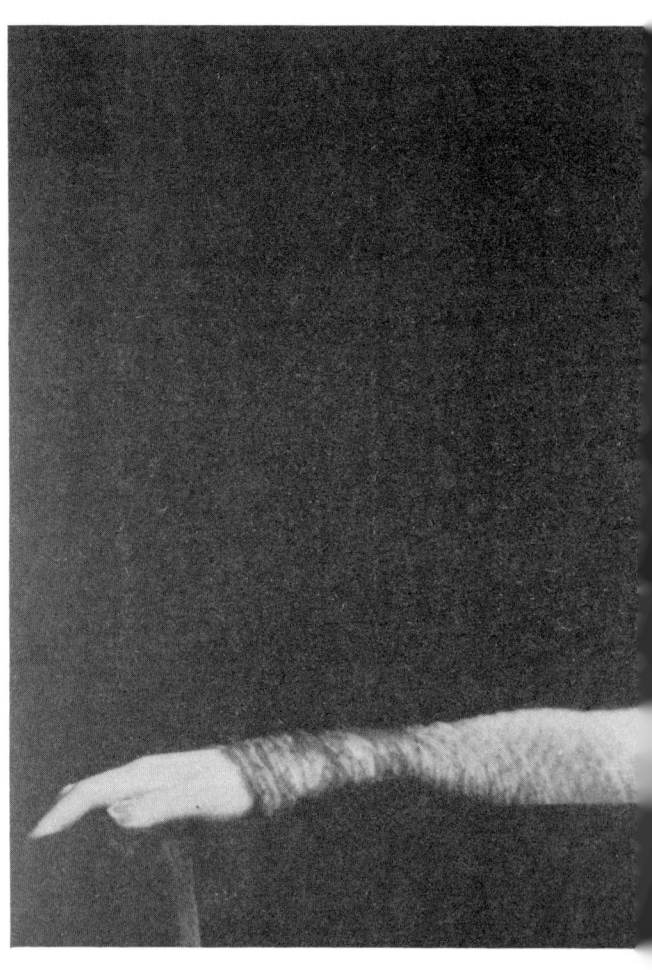

THE DEVIL IS A TRANSVESTITE

ALBERTO CARDÍN

> *Hay mucha fotografías de ella, nada halagüeñas y que datan de la época anterior a* El Ángel Azul, *que muestran una criatura cohibida y con ganas de ocultarse.*
>
> JOSEF VON STERNBERG
> *Fun in a Chinese Laundry*

F UE Lubitsch, supremo mandamás por entonces de la Paramount, quien puso el título de *The Devil is a Woman* a la última película de la Dietrich con «Von».

Por tres veces había intentado ya para entonces Sternberg romper su relación pigmaliónica con Miss Dietrich, consistiendo ésta en trabajar sólo con Mamoulian, en *El cantar de los cantares*, para entregarse de nuevo a él en la más «sincera» de todas sus películas, aquella donde su reborde cursi y su indigesta fascinación por Eisenstein se revelan, paradójicamente, en su intento de ejecutar una «obra de arte total»: *Capricho imperial*.

The Devil is a Woman vino inmediatamente después, y es evidente, tanto por la elección del tema (inspirando en *La Femme et le pantin*, de Louys, con claros toques merimeanos), como por la semejanza entre «Don Pascualito» (Lionel Atwill) y el propio Sternberg, que éste quería dar por zanjada definitivamente su relación con este film, mediante una especie de ajuste de cuentas simbólico.

Pero la forma como, en el contenido capítulo sobre Miss Dietrich y él de *Fun in a Chinese Laundry*, ironiza sobre el cambio de nombre (él quería titular la película *Capricho español*, de lo que sólo ha quedado como rastro la banda sonora de Rimsky-Korsakov de la primera secuencia), deja ver que el título de Lubitsch le parece excesivo: porque, al final, ni Concha Pérez es tan mala, ni Marlene llegó a torturar tanto a Sternberg como Concha a Don Pascual (sino, más bien todo lo contrario, según aquélla revelaba en sus entrevistas).

Pero no en vano Lubitsch sabía mucho de demonios y torturadores de opereta (no había hecho aún *El diablo dijo no* ni *To Be or Not To Be*, pero sin duda los tenía ya en la cabeza), y entrevió (no fueron sólo los motivos comerciales que Sternberg le atribuye) lo que en el film se cocía: la demonización acabada de Marlene por voluntad de su creador, a base de convertirla en la mujer de los mil disfraces, un *mannequin* adecuado al *pantin* que debía tentar, una Colombina pizpireta para un Arlequín demasiado serio.

En ninguna otra película de Sternberg saca a escena Marlene tantos modelos, encarnando con cada uno una faceta malévola del personaje: cubierta con cáscara y madroños en la inicial secuencia del carnaval (ese primer plano del que Sternberg dice que «muestra uno de los rostros más encantadores e imperturbables de la historia del cine»), vestida de lagarterana en la escena del tren, de cigarrera en el segundo encuentro con Don Pascual, de maja descocada luego, nuevamente de lagarterana, en la secuencia del café andaluz que parece un *remake* de *El Ángel Azul*, de chulapa en el reencuentro con Don Pascual en casa de «La Tuerta», y varias escenas más con peinetas y faralaes varios, hasta llegar a esos dos deslumbrantes modelos de encaje ajustados, uno blanco y otro negro, a juego con enormes pamelas, con que Concha Pérez prepara su huida a París con César Romero.

Este vértigo vestimentario, en estrecha relación con la muy cristiana idea del Maligno como «padre de la mentira» (*Jn.*, 8, 44), que se presenta bajo mil disfraces, aunque siempre con el mismo rostro tentador y lascivo, se había evidenciado ya en *Capricho imperial*, si bien allí para mostrar el proceso de envilecimiento de Sofía Federica, desde su niñez inverosímil (el columpio a lo Watteau, y esa Marlene adolescente a base de abrir mucho los ojos y quedarse boquiabierta), hasta el cinismo de la Catalina hecha y derecha: en medio su travestimiento de húsar que tan poco la favorece, en una de las secuencias más confusas y chabacanas del cine de Sternberg.

Ya en *La Venus rubia*, la perversión de Helen Faraday, el abandono de su fidelidad de esposa, aunque sea en aras de la curación de su marido, viene marcada por ese travestimiento como gorila macho, de cuyo interior surge una Marlene sutil y relumbrante, que lo es aún más al ponerse la rubia peluca afro para cantar *Hot Voodoo* ante los admirativos ojos de un Cary Grant en el esplendor de su galanura. La adopción de una máscara de frío cinismo, tras la pérdida de su hijo y su recuperación del alcoholismo, se da igualmente mediante un disfraz masculino: el frac blanco del cabaret de París, que retomará una y otra vez, casi como un uniforme, tras abandonar definitivamente el cine, en sus giras como cantante de los años sesenta.

Esa parte fundamental del frac que es el sombrero de copa había ya formado parte del indumento escénico de «Lola» en *El Ángel Azul*, hasta constituirse en un elemento tópico de la caracterización de las estrellas del cabaret berlinés de los años veinte (tal como lo han recogido *La caída de los dioses* y *Cabaret*). Y el elemento de ambigüedad sexual que introduce forma parte de toda aquella babelización de las clases y los sexos que caracterizó a la República de Weimar, y que el mismo Sternberg, muy en la línea del Zweig de *Un mundo de ayer*, describe así: «Lo menos que puede decirse es que resultaba bastante difícil diferenciar los sexos. No sólo los hombres llevaban indumentaria femenina, con pestañas y lunares postizos, sino que recurrían al *rouge* para los labios; los bosques estaban llenos de mujeres de aspecto viril, que funcionaban como hombres. Una tercera especie, desafiando toda definición, se prestaba a cualquier oportunidad que se le presentase».

«Lola», con todo, es sólo una mujer amoral, una superviviente quizás sólo un punto menos trágica que la Lulú de Wedekind, y en ella la ambigüedad sexual simplemente refleja su decadencia moral. En cambio, la escena del beso con Eve Southern, en el cabaret moro de *Marruecos*, después de interpretar con aire lánguido *Quand l'amour meurt*, estaba conscientemente concebida por Sternberg como un toque lésbico: el frac (negro esta vez), dice «Von» en sus memorias, «le concedía un gran encanto, y yo no sólo pretendía imprimir a su manera de caminar un cierto aire lesbiano, sino demostrar igualmente que su atractivo sensual no solamente era debido a la forma clásica de sus piernas».

Pero el travestismo de Marlene, bajo la batuta de Sternberg, no sólo es indicio de ambigüedad sexual, sino travestismo de identidades, representado sobre todo por la Amy Jolly de *Marruecos*, «pasajera suicida» de las que van a perderse por los cafetines del Magreb, como el capitán del barco le explica a

Adolphe Menjou, y miembro de esa otra «legión extranjera de las mujeres», que van dando tumbos por la vida, hasta encontrar su redención, tal vez, en forma de soldaderas de la homosexualizada Legión de Lyautey. Las fotos que tiene pegadas en su camerino, tal como revela el comentario de Gary Cooper, muestran toda una serie de encarnaciones anteriores, de las que la última será la que, enmarcada por un falso arco moruno, representa, descalza por la arena y tirando de una cabra, tras una columna expedicionaria.

La espía X-27 de *Fatalidad* es travestista por imposición del servicio, hasta el punto de hacerse irreconocible bajo su disfraz de campesina ucraniana, aunque la temeridad de su trabajo imponga una cierta virilización notoria en ese traje de cuero negro, de agente provocador ruso, que es uno de los mejores disfraces masculinos de Marlene. Si bien es curioso que sea en la escena final del fusilamiento, tras pintarse los labios mirándose en la hoja de la espada del oficial, lo mismo en la escena de la oración de *El expreso de Shanghai*, cuando Marlene, aureolada de una sublimidad excesivamente subrayada (tan distinta de la de su aparición radiante bajo la cabeza del gorila en *La Venus rubia*), adopta un aire más andrógino.

«Shanghai Lili», por su parte, no tanto se trasforma vestimentariamente ante los ojos del espectador (la casi «unidad de tiempo» que configura el relato no nos permiten verla más que en traje de calle, vestida para cenar, en camisón, y con un digno *deshabillé* para acudir al interrogatorio del achinado Warner Oland), cuando se presenta como la consecuencia final de múltiples avatares anteriores, resumidos en un *nom de guerre* que la hace en principio irreconocible para su antiguo amante, el capitán Donald Harvey (Clive Brook). La frase en que resume tan ajetreada trayectoria ha pasado a la historia de la cinefilia, junto con dos o tres más de Mae West y Humphrey Bogart: «*It took more than one man to change my name to Shanghai Lily!*».

Esta imagen de Marlene, diseñada por Sternberg, como cruelmente él señala, «para demostrar mi grandeza», no la abandonará ya en el resto de su carrera: será siempre la mujer del pasado oscuro, que arrastra múltiples vidas, y sigue teniendo que disfrazarse, tanto si es con buenos fines (como en *Testigo de cargo*, para salvar a Tyrone Power), como con negras intenciones (como en *Pánico en la escena*, para perder al pobre Richard

Todd), o simplemente para poder sobrevivir en un medio hostil (como en *Arizona* o en *Encubridora*, donde un amor imposible la redime *in articulo mortis*).

Salvo en los papeles históricos (básicamente de chica de *saloon* con un pasado remoto en Nueva Orleáns y múltiples avatares por todo el Oeste, como en *Arizona, Los usurpadores* o *La vuelta al mundo en 80 días*), los mejores papeles de la Marlene de los años cincuenta, presentan una personalidad en cuatro fases: la señora digna de traje sastre, la cantante vestida de lamés y boas, la cantante en su camerino (imagen muy trabajada por Sternberg, sobre todo en *El Ángel Azul* y *Marruecos*), y la mujer de estatus y edad ambiguos vestida con una gabardina cruzada y atada como al descuido (cuya primera aparición se produce en *Marruecos* y alcanza su clímax como disfraz en la escena de la estación con Charles Laughton, en *Testigo de cargo*).

Son como las cuatro caras de una misma mujer que huye de sí misma, y se sobrevive mediante el disfraz, debido a que es consciente que no controla su destino: el pendular de un alma que tiene que elegir entre una serie de personificaciones cuyo origen se le escapa, sin poder tampoco huir de ellas.

La digna dama de *Vencedores o vencidos* no es, en este sentido, más que una falsificación por elisión de los restantes elementos de su personalidad multívoca: no es, en realidad, sino una «Erika von Shleutow» (recuérdese el falso documental donde la Schleutow sale coqueteando con el Führer, para escándalo de la puritana Jean Peters, en *Berlín Occidente*) que ha salido mejor librada del holocausto nazi y juega al decoro con los vencedores.

Bajo ella, tal vez lo único que hay es esa mirada bovina que Jannings descubrió en ella durante las pruebas para *El Ángel Azul*, o aquella mujer «desgarbada y sin atractivo» que Sternberg (y cualquiera en la época) vio en sus primeras cintas. Creada por la mirada de su hacedor, y fijada al parecer en ella, Marlene la sostuvo mientras la cirugía (ella decía que eran sólo cremas) pudo soportar el símil. Su crispada intervención, en continuo *off*, en ese extraño film-homenaje que Maximilian Schell quiso hacerle, representa el patético *fading* de una imagen hecha de un continuo deslizante de disfraces.

ÁNGELES DEL MAL, ENSUEÑOS FUNESTOS Y FALSAS HEROÍNAS: LA MUJER FATAL EN EL CINE NEGRO

JAVIER COMA

El uso cotidiano de la calificación *mujer fatal*, castellanismo de *femme fatale*, ha contribuido a tergiversar el significado genuino en el marco del cine negro. Apoyan tal mixtificación las imágenes míticas, como, por ejemplo, la de una Rita Hayworth enfundada en el largo vestido que prometía deslizarse piel abajo conforme avanzaba la sugerencia de *strip-tease* durante la secuencia más famosa de *Gilda*. Resulta fácil que, al hablarse de mujer fatal, se rememore a la protagonista de este film, cuando sucede, por el contrario, que pocos motivos sólidos abonan la inscripción de Gilda en dicha categoría. Desde luego, el personaje irradia una de las actitudes asignadas tradicionalmente a la mujer fatal, el independiente ánimo de transgredir las normas, pero eso no basta: el espíritu de ruptura con un encuadramiento social a gusto y a medida del hombre se manifiesta a lo ancho y a lo largo de una amplia gama de caracteres femeninos, y no define de por sí al que aquí se trata. Le falta, felizmente, a Gilda el impuso destructivo, así como también el alcance funesto; y en modo alguno el personaje interpretado por Rita Hayworth corresponde al equivalente anglosajón de la *femme fatale*, la *spider woman*, o sea, la mujer araña que prende al hombre en sus redes. Frente a la mujer fatal por antonomasia, Gilda aparece desprovista de violencia y de sed de poder. No es un ángel del mal, sino la heroína, auténtica heroína, convertida por el azar —y el sistema social— en sierva y decidida a librarse de tan infamante condición.

Olvídese la aureola onírica que aflora en el recuerdo de

Gilda y afróntese la realidad profunda del film: los dos hombres que esclavizan a la protagonista son un nazi, el marido (interpretado por George Macready), y un circunstancial colaboracionista de los nazis, el antiguo amante y nuevo dueño (encarnado por Glenn Ford). En este contexto se advierte con claridad la lucha de Gilda por ser libre y, además, liberar al ser amado —el segundo de los aludidos—, con lo que el énfasis recae en la rebelión de los oprimidos contra los dominantes y se traduce en la oferta de una doble lectura que entraña significaciones antifascistas. Lo más positivo, éticamente, del trío estelar proviene de Gilda: la propia secuencia del *strip-tease* hace patente hasta qué punto el imaginativo y pacífico comportamiento de la protagonista queda distante de la inmediata conducta masculina, plasmada mediante la famosa bofetada en la más zafia brutalidad. Y es Gilda quien logrará desviar los acontecimientos del fatalismo que había empezado a presidirlos, por lo que se aleja de las esencias deterministas que acostumbran a identificar a la clásica mujer fatal.

Mientras que el inmortal personaje de Rita Hayworth sirve para insinuar la existencia de notorios equívocos en las catalogaciones tópicas de la *femme fatale*, otro personaje femenino, que constituye de alguna manera la antítesis del anterior, el de Priscilla Lane en *The Roaring Twenties*, presenta utilidad para descubrir un sector de falsas heroínas al que raramente se relaciona con aquel carácter genérico y que, en cambio, está muy cerca de él. Puede parecer que la Jean Sherman corporeizada por Priscilla Lane, responde a una postura de inocencia, pero los hechos del film demuestran lo contrario. Jean deja creer al gángster Eddie Bartlett (James Cagney) que está enamorada de él, y le acepta toda clase de ayuda para progresar laboral y socialmente, aunque el apoyo proceda de actividades delictivas. Prolonga el engaño hasta establecer relaciones amorosas con el mejor amigo de Bartlett y rematar el ascenso (desde la perspectiva de la sociedad bienpensante) con el matrimonio que desvinculará a tal pareja del universo de ilegalidad al que se hallaba adscrita. La traición continúa: el marido de Jean desencadena, desde su nueva posición, el combate contra antiguos camaradas, aprovechándose, claro está, de los conocimientos sobre sus prácticas que había adquirido al lado de ellos, y cuando esta tarea le pone en peligro, Jean manipula otra vez a un Bartlett todavía enamorado para que salve la vida del esposo y, con ella, un matrimonio de relevancia social.

El candor de Jean es, por tanto, simple apariencia, reforzada en cuanto esta falsa heroína no transgrede, sino que cumple las normas impuestas por el sistema, pero tal carencia de transgresión no evita que aquélla se convierta en una verdadera mujer fatal: en primera lugar, su sumisión a la moral oficial resulta despreciable desde un punto de vista ético, y más si se tiene en cuenta todo lo que comporta en su caso; y, en segundo término, Jean provoca la caída no sólo profesional, sino también personal de Bartlett y le conduce, en beneficio de la situación social que la fémina logró gracias a él, hacia una muerte absurda.

Otro importante ejemplo de *femme fatale* emboscada es el de Susan Spencer (a cargo de la actriz Joan Fontaine) en *Más allá de la duda*. De forma similar a cómo Raoul Walsh enfocó a Jean Sherman en *The Roaring Twenties* —es decir, mediante la inversión de los significados en el terreno de los estereotipos—, Fritz Lang daría a Susan Spencer los visos de la nobleza, acrecentados en esta ocasión por un alto estatus de partida y la honda realidad de la abyección. Queda patente el ángulo elegido por Lang al respecto cuando, en los inicios del film, el padre de Susan ironiza en torno a que Tom Garrett (Dana Andrews), destinado a convertirse en su futuro yerno, esté obsesionado por el tema de la pena de muerte en vísperas de la boda. Brilla en este punto la esencialidad del lenguaje languiano: Susan conducirá, en definitiva, a que caiga sobre Tom Garrett la pena capital.

Hay mayor complejidad en este caso que en el tomado del film de Walsh. Con vistas a desacreditar la institución de la máxima pena, el padre de Susan y Tom Garrett habían urdido y desarrollado un plan de resultas del cual el segundo fuera condenado por un crimen que no hubiese cometido y, seguidamente, ambos pudieran demostrar el error judicial y la irracionalidad de la pena de muerte. Pero Tom Garrett era realmente el asesino y así lo confesaba a Susan, quien le delataba para impedir que se salvase de la ejecución. Brotaban en el film suficientes datos para deducir que el móvil femenino en la delación no estaba lejos de un sentimiento de despecho en el área de las relaciones amorosas y, sobre todo, que tal acto de Susan era mucho menos beneficioso para la sociedad que un hipotético silencio sobre la identidad del asesino; lo conveniente, desde una perspectiva ética, hubiera consistido en el éxito del plan inicial, o sea, en un golpe decisivo contra la subsistencia de la pena de muerte.

De cualquier forma, la protagonista de *Más allá de la duda* se materializaba en una mujer fatal para Tom Garrett, como había quedado indirectamente preconizado por las palabras del padre de Susan al comienzo del film; la confesión de Tom a Susan ponía en evidencia que él estaba en las redes de ella, y la reacción de ésta (a quien su padre consideraba presa de múltiples y costosos caprichos) engendraba cruelmente, y de modo directo, el castigo letal. Un alcance diferente, a causa de una mayor ambigüedad, había adjetivado la conducta de Ellen Graham (Veronica Lake), agente del Gobierno, en *El cuervo*, con respecto al asesino profesional Philip Raven (Alan Ladd), al que seducía y enviaba a la muerte.

Cabe pensar —y, de hecho, se piensa— que un requisito ineludible para la existencia de la *femme fatale* consiste en la destrucción del hombre que está fascinado por ella, pero las excepciones son lo suficientemente notables como para eliminar este distintivo de una definición rigurosa. Recuérdese, por ejemplo, de qué forma la Veda (Ann Blyth) de *Alma en suplicio* mantiene una permanente conducta de mujer fatal para con su propia madre, Mildred Pierce (Joan Crawford), a la que desde niña desprecia por carecer de una elevada situación económica y social, y a la que acepta mediando compensaciones monetarias. Es cierto que, a partir de cierto instante del film, Veda también actuará como *femme fatale* con respecto a Monte Beragon (Zachary Scott), al que asesina, pero la estructura y el desarrollo de *Alma en suplicio* sitúan en primer término la esclavitud de Mildred Pierce a causa del comportamiento de una hija guiada por un radicalizado egocentrismo y una perversa ambición de riqueza.

Tampoco el becerro de oro resulta omnipresente en la categoría de la mujer fatal. Un ejemplo idóneo, que sirve a la vez para deslindar este personaje genérico de una imprescindible aniquilación del hombre que la ama, sería el proporcionado por Ellen Berent (Gene Tierney) en *Que el cielo la juzgue*. No hay deseo alguno de escalada social o económica en su actividad criminal, determinada por un amor patológico (sustituto del sentimiento que ella sentía hacia su padre). Evidentemente, las maniobras de Ellen revierten en agresiones contra su marido Richard Harlan (Cornel Wilde), pero indirectamente: la protagonista se esfuerza en atacar a todo ser —o promesa de ser, como se verá— que, según ella, pueda interponerse en el máximo disfrute de una pasión conyugal que la mente de la esposa sitúa en esferas oníricas. Ellen provoca la muerte de un hermano de Richard, escenifica una caída para abortar y llega a envenenarse con el objetivo de que ciertos indicios, cuidadosamente preparados, culpen a Ruth (Jeanne Crain), su presunta rival. Existe una semidestrucción de Richard, quien pasará una temporada en la cárcel por haber ocultado la intervención de su esposa en la muerte de su hermano; no obstante, la máxima destrucción es la que Ellen, asesinato de su cuñada aparte (en el que interviene, parcialmente, la omisión), verifica consigo misma. No se trata, en este caso, de la *femme fatale* sometida, en nombre de las normas morales de Hollywood, a un destino trágico con carácter punitivo: es ella quien decide morir, como medio para culminar un nuevo crimen.

En la zona de la mujer enamorada que arrastra a la muerte al hombre que ama —por supuesto, involuntariamente, pero sin por ello escapar a la condición de *femme fatale*—, destaca la Annie Laurie Starr (Peggy Cummings) de *El demonio de las armas*. La perversidad, alienada, de esta atracadora especializada en zonas rurales, se dirige contra el mundo que rodea a su compañero Bart Tare (John Dall) y a ella, y la transforma en una criatura dañina, enemiga de todo su entorno hasta el punto de que el propio Bart se ve impulsado, al fin, a exterminarla.

Abunda más, en el cine negro, el tipo de mujer que, por amor a otro, decide acabar con su marido, aunque frecuentemente se suma al móvil erótico una causa económica. Con relación a este tipo de triángulos cabe recordar *Niágara*, donde se aúnan el mensaje pasional y el mensaje de muerte en un mismo tema musical, desgranado por las campanas de la torre, y en el que Marilyn Monroe daba espectacular cuerpo a una mujer fatal menos clásica de lo que parecía a simple vista. De todas maneras, la típica ambigüedad de los mejores niveles del cine negro matizó considerablemente tales historias triangulares, en una extensa escala de relaciones entre la esposa y el amante, la cual, desde la anfibología en la primera versión de *El cartero siempre llama dos veces*, se desplaza hacia diversos grados de duplicación del engaño, según expresa, a modo de ejemplo terminante, *Perdición*.

El drama del triángulo surge también con frecuencia en la esfera de la delincuencia más o menos profesionalizada, donde la *femme fatale*, presuntamente con mayor astucia que los brutos de su entorno inmediato, ansía tomar las riendas y derivar hacia sí los beneficios económicos de las acciones delictivas. Si se toma el personaje de Kitty Collins, interpretado por Ava Gardner, en *Forajidos*, se observa que, tras la obtención de la cantidad de dinero ambicionada, el deseo se encamina al logro de una inserción en la clase privilegiada, lejos del hampa, y se deduce, en consecuencia, que en el fondo de los anhelos de numerosas personificaciones de la mujer fatal pesa el sueño americano, el éxito, bien sustentado por los dólares, en la sociedad. Esta presunción de intenciones, se vea o no demostrada por pruebas palpables, es referible, por ejemplo, a la Coral Chandler (Lizabeth Scott) de *Callejón sin salida*, a la Anna (Yvonne De Carlo) de *El abrazo de la muerte* y a la Brigid O'Shaughnessy (Mary Astor) de *El halcón maltés*. Quizás el arquetipo con más intrincadas y amplias resonancias estaría constituido por la Elsa Bannister (Rita Hayworth) de *La dama de Shanghai*, implacable mujer araña entre los tiburones que se devoraban, enloquecidos, unos a otros, en el cerrado universo donde convivían poder, sexo, corrupción y crimen. Pero tal vez el más fascinante y representativo tipo de mujer fatal sobre una plataforma de triángulo fuese la Kathie Moffet (Jane Greer) de *Retorno al pasado*; Jacques Tourneur filmó su seducción de Jeff (Robert Mitchum) con la integración de unas simbólicas redes de pesca en los correspondientes planos de playa nocturna.

Que tres enamorados de Kathie Moffett murieran por su causa en *Retorno al pasado* no entorpecía el onirismo poético que rodeaba a la protagonista incluso con anterioridad a su aparición en imagen: cuando el primer *flash-back*, narrado por Jeff, mostraba como éste emprendía la investigación acerca de la fugitiva Kathie en un *night-club* donde ella había trabajado, la banda sonora quedaba inundada por la melodía *The First Time I Saw You*, inmediato y lírico *leit-motiv* en torno al ensueño romántico que suscitaba el personaje femenino. Uno de los fundamentos del hechizo adherido a un buen número de mujeres fatales del cine negro reside en contemplaciones oníricas de las mismas, a manera de representaciones de sueños inalcanzables. La primera presencia de Kathie, al igual que las apariciones de Cora (Lana Turner) en *El cartero siempre llama dos veces* y de Phyllis (Barbara Stanwyck) en *Perdición*, suponía el ingreso de una mágica irrealidad en la acción, y no es ajeno a tal hecho que en cada uno de estos tres casos existiese narración en primera persona, a cargo del personaje masculino que quedaba extasiado ante la fémina correspondiente.

Precisamente la intensidad adquirida por las más impresionantes *femmes fatales* del cine negro tuvo mucho que ver con la masculinidad de los creadores de sus imágenes, que materializaron así fantasías gratas a su sexo. Desde cierto punto de vista se podría hablar de que, con las invenciones de aquellos personajes, los cineastas daban una opción de revancha, en la ficción de la pantalla, a un sexo femenino tradicionalmente sojuzgado, pero también de que tal donación llevaba consigo pesadillas masoquistas. En cualquier caso, la mujer fatal introdujo en la susodicha corriente cinematográfica un elemento de carácter onírico que acrecentaba el clima inquietante de planteamientos a priori realistas.

Por supuesto, hubo films en que la *spider woman* compareció despojada de toda fascinación y definida por sus más mezquinos rasgos, como la estafadora Kitty March (Joan Bennett) que engañaba al cándido Chris Corss (Edward G. Robinson) en *Perversidad*; sin embargo, aún así la víctima masculina resultaba sugestionada y seducida, presa no sólo de la mujer deseada, sino también de sus propios sueños. La visión misógina que cabe referir a enfoques de la *femme fatale* extremadamente naturalistas, dedicados a poner en evidencia el carácter destructivo, llegó a uno de sus puntos culminantes en el film de subgénero penitenciario *Brute Force*, dos de cuyos *flash-backs* (narrativamente en boca de reclusos) exhibían inequívocamente la catástrofe masculina a manos de un personaje femenino.

Pero lo frecuente consistió en dotar a la *femme fatale* de poéticos encantos que la hicieran creíble a sus inventores y al público, e irresistible desde la perspectiva de sus víctimas. Hay que recordar en este punto una intermitente coincidencia entre mujer fatal y cantante, que justificaba, por un lado, vestimentas deslumbrantes, y se beneficiaba, por el otro, de un añadido de ambigüedad en función de las palabras de las canciones: así, Lizabeth Scott entonaba *Either It's Love or It Isn't* en *Callejón sin salida*, y Veronica Lake interpretaba *Now You See It, Now You Don't* en *El cuervo*, aunque el recuerdo con mayor potencia mítica tal vez remita a la presentación de Ava Gardner en *Forajidos*, con el tema *The More I Know of Love* en sus labios hechiceros.

Producto, simultáneamente, de la misoginia y del ensueño de cineastas de sexo masculino, la mujer fatal en los films negros quedó materializada como personaje realista y onírico al mismo tiempo, y representó de algún modo los deseos ocultos bajo el cumplimiento cotidiano de las normas sociales: transgredir los límites y arrojarse en los brazos de la fascinación del Mal. Cambiar victoria por derrota en beneficio de los placeres efímeros del ensueño: este fue el rol, en definitiva, de los hombres víctimas de la *femme fatale*, y ello configura que tantas representaciones específicas de este personaje genérico consiguieran un tratamiento fílmico de diosas, encaramadas con plena belleza en pedestales de lujosa corrupción, más allá de las miserias humanas en la profundidad de la noche.

¿POR QUÉ ES BETTE DAVIS BUENA PARA PENSAR?

MANUEL DELGADO RUIZ

Se sabe que las películas de la época dorada de Hollywood aportaron mucho a la constitución del imaginario de varias generaciones de habitantes del planeta, por encima incluso de distancias culturales. Era como si aquella colección de historias en apariencia imposibles y enloquecidas hubieran resultado de una misteriosa eficacia en devenir psicológica y socialmente significativas para millones de seres humanos que, muchas veces, tenían en la fascinación por ellas despertada su única cosa en común. Es más, a pesar de todos los cambios que el siglo ha experimentado en sus últimas décadas, los viejos melodramas producidos en EE.UU. en los años treinta, cuarenta o cincuenta conservan gran parte de su capacidad de disuasión emocional y legiones de nostálgicos de lo no vivido continúan rindiéndoles una devoción sacralizante.

Contempladas por una mirada impermeable a su poder, las películas americanas de aquel período no dejaban de ser una sorprendente galería de disparates y despropósitos a los que parecía bastarle el precario amparo de la más absoluta irracionalidad: aventuras inconcebibles, ridículos romances, heroísmos estúpidos e improbables, situaciones desquiciadas... En definitiva, un auténtico dominio de lo pueril, lo necio, lo fácil. En cambio, aquellas narraciones estrambóticas emanaban algo que para las multitudes resultaba inconscientemente inteligible, algo que de un modo u otro tenía que ver con ellas y con su experiencia del mundo, es más, que era parte íntegra e inseparable de sus vidas, que las prolongaba y les concedía completud. El cine o, lo que es lo mismo, el cine americano, se incorporaba así a la función de un dispositivo de representación simbólica que muchas culturas humanas podían reconocer porque ya les había pertenecido antes bajo la forma de sistemas mitológicos y de fabulación. De la misma sustancia que los mitos y los cuentos, repitiendo sus códigos figurativos y temáticos, las películas obedecían renovadamente a una propiedad y a un requisito del pensamiento humano: el de explicar continuamente historias capaces de hacerlo explicable ante sí mismo. Acaso por sus propias virtudes metalingüísticas, a los films de Hollywood les resultaba fácil articularse en el folklore de diferentes sociedades, poniendo su capacidad connotativa a disposición de las necesidades de simbolización de un grupo sociocultural dado en un momento histórico dado.

Si en sociedades de las llamadas «primitivas» podríamos encontrar modelos parecidos de aprovechamiento de esa misma materia prima invisible de la que el cine de Hollywood nutría sus historias, algo parecido podría decirse de aquellos a los que se asignaba la misión de habitarlas: las estrellas. En efecto, por encima de su encarnación en personajes fabulosos, los grandes astros de la pantalla asumían por ellos mismos, aunque siempre por cuenta de la inteligencia colectiva, un papel apenas distinto que el que caracteriza al chamán de los «pueblos salvajes». Y, atención, no se trata de un paralelismo más o menos ingenioso, sino de una auténtica equivalencia. No es que la estrella de cine se parezca en su capacidad de proponer sentido a la experiencia al brujo africano, por ejemplo, sino que ambos basan su influencia en la necesidad que la sociedad parece tener de la eficacia con que los dos utilizan un conjunto de técnicas de representación y síntesis del mundo que son idénticas en su matriz operativa. Los famosos de Hollywood merecieron el privilegiado lugar que las masas les concedieron en los sistemas de imaginar el mundo de muchas culturas no porque se hubieran beneficiado de promociones espectaculares —¿cuántas operaciones de encumbramiento artístico en el cine han fracasado de forma en apariencia incomprensible?— sino porque el público reconocía en su habitualmente artificial personalidad unos valores que en otras formas de cultura encontrarían en la del chamán y que, como en su caso, pertenecen igualmente al orden de lo simbólico. El artista de Hollywood se integra en esa dimensión

¿POR QUÉ ES BETTE DAVIS BUENA PARA PENSAR?

que se antojaría ajena a la normalidad social de la que el chamán sería el prototipo más universal, pero a la que, como ya señalara Marcel Mauss, pertenecen también los dementes, los poseídos, los santos y los feriantes, seres exiliados a la periferia de lo extraordinario por el propio grupo, para desde allí servirle, en territorios imaginarios y bajo la forma de lo aberrante o lo maravilloso, para salvar alegóricamente contradicciones y lagunas estructurales del sistema de lo social.

Esa habilidad conceptualizadora del chamán que las grandes estrellas del cine americano reproduce, resulta ostensible en algunas, como Bette Davis, que supieron hacer incontestables la idoneidad de su personalidad para propiciar síntesis y transiciones susceptibles de completar la percepción inevitablemente incompleta que el individuo y la sociedad tienen de sus propios mecanismos, además de su aptitud para servir de soporte a auténticos paradigmas humanos de esa red figurativa que constituía el cosmos hollywoodiense. Si Bette Davis contaba con esa condición indefinible que los «astros de la pantalla» debían poseer para triunfar, a la que se suele aludir como «cualidad estelar» *(star quality)*, era porque cumplía perfectamente con esa función de constituirse en «cosa» de la inteligencia colectiva, en lo que podríamos llamar, siguiendo a Lévi-Strauss, objeto «bueno para pensar».

Ahora bien, la cuestión es saber: ¿en objeto bueno para pensar qué? o ¿en qué? Para resolverla el camino podría ser el de llamar la atención acerca de algo que, a pesar de su evidencia, no suele tenerse en cuenta. Me refiero al hecho de que el *star-system* cinematográfico es precisamente eso, un sistema, y más en concreto un sistema clasificatorio. Aceptado tal principio, resultará fácil concluir que la pista taxonómica nos conducirá inmediatamente al género melodramático y, dentro de él, de modo preferente a ese subgénero que podríamos llamar «películas de malas», esto es películas que focalizan y evocan la atribuida miseria ética de la mujer y el estigma indeleble que la marca como ser, parafraseando aquel famoso film de Joan Fontaine, «nacida para el mal». En efecto, Bette Davis, una de las «malvadas» más modélicas del *melo* americano, se erige en una representación conceptual capaz de centrar todo un campo semántico directamente relacionado con una cierta forma de concebir lo femenino, y más en particular la perfidia que lo orienta, que, fuera de los controles apropiados, puede actuar como energía disolvente y suponer un peligro, sobre todo para el sexo masculino. No es casual que su primer Oscar lo ganara, como se sabe, con un film que precisamente se titulaba *Dangerous* (1935), la historia de una actriz a la que domina una fuerza misteriosa que la impulsa a destruir a los demás y a sí misma, y que acaba amenazando al hombre (Franchot Tone) que había cometido la imprudencia de ser generoso con ella.

«Quiero luchar, hacer planes...». Frases como ésta permitían que la Julie Mardsen de *Jezabel* (1938), su segundo Oscar de la Academia, propiciara una proyección simultánea tanto de la voluntad emancipadora del ama de casa de clase media americana como del siempre subyacente miedo masculino a la actividad conspirativa de la mujer. La enérgica y poderosa protagonista de la película de Wyler pertenecía a un rango de conceptualizaciones de lo femenino que se asimilaba a cierta idea de lo «sureño», y que remitía a un imaginario dominio de la mujer en la tradicionalidad pre y antimoderna y en la fidelidad a los lazos impuestos por la tierra y la sangre, al que se le oponía un Norte que, a su vez, servía de soporte a un desplazamiento simbólico en el tiempo en el que reconocer el propio presente del espectador. De hecho, ese Sur era puramente mitológico y equivalía al pasado imaginario en que la sociedad vivió bajo el despotismo de lo crónico, muy a la manera del matriarcado primitivo inventado por el evolucionismo del siglo XIX. Esa alusión al arcaico imperio de la diosa Tierra era idéntico, por cierto, al que podía establecerse a través de otras entidades simbolizadoras del atávico poder mujeril, como la Luna de *La carta* (1941). Sin duda, la expresión cinematográfica más estandarizada de este tipo de mujer del Sur, poderosa y telúrica, es la Scarlett O'Hara de *Lo que el viento se llevó* (1939), que poco faltó, como se sabe, para que fuera Bette Davis y no Vivian Leigh quien lo encarnara.

En *Jezabel*, antes de intentar arrastrarle al adulterio, Julie le dice apasionadamente a Preston (Henry Fonda) que ha traicionado a los suyos casándose con la norteña Amy (Margaret Lindsay): «Esta es la tierra que te vio nacer, la tierra que conoces y en la que confías. Amy no lo entendería. Pensaría que hay serpientes. No es una tierra dócil ni fácil como en el Norte: es peligrosa, pero la amas. Recuerda cómo huele el vaho de la fiebre: a rancio y a podrido. ¿Es qué no lo entiendes? Forma parte de ti, lo mismo que yo, y nunca te dejaremos ir.» Por supuesto que Julie no habla sólo de esa tierra omnipresente y vampírica, esa tierra que es siempre Tara, sino sobre todo de ella misma. No en vano mima de forma explícita la figura mítica de Jezabel, la mujer de Acab, que hace perecer a Nabot para apoderarse de sus tierras y que es mostrada en el texto bíblico como ejemplo de impiedad y seducción, pero también de voluntad y fuerza. Tampoco es casual que acaso la mejor de sus películas de la primera época se llame *Esclavos de la tierra* (1931), en la que Bette Davis daba vida a Magde, otra sureña egoísta y cruel, pugnando por seducir, en un inevitable ambiente agropecuario, a todo un líder de los trabajadores de las plantaciones (Richard Barthelmess). Esa asimilación a la calidez y la exuberancia pasional del Sur simbólico no es ajena a que Tennesse Williams se empeñara tanto en que fuera Bette quien hiciese en Broadway de la escandalosa Maxime, la dueña del hotel de *La noche de la iguana*, uno de los grandes éxitos de la actriz en sus incursiones en el teatro. Y de igual modo debe recordarse que su adecuación al papel de Magna Mater terrible, oscuramente obedecida por la naturaleza, se plasmó en films como *Watcher on the Woods* (1980), para la Disney, así como en dos series televisivas. Una que, pensada para ella, no llegó a protagonizar, siendo sustituida por una de sus equivalentes, Gloria Swanson: *The Killer Bees*, sobre una matriarca que ejerce un extraño dominio sobre las abejas. La otra, que sí contó con su presencia, *Harvest Home*, también sobre una anciana con poderes misteriosos.

Bette dio todavía más muestras de su idoneidad para figurar el tema de la sedición femenina en otra película definitoria del tipo de sentidos que estaba en condiciones naturales de proveer: *La loba* (1941), una tempestuosa historia urdida por Lillian Hellman, en que la actriz daba cuerpo a Regina Giddens, una mujer bella y patológicamente ambiciosa que ha renunciado a su propia realización sexual para poder competir en un mundo de hombres. También en la dirección de mostrar la fortaleza femenina frente a condiciones adversas se situaba Maggie Cutler, la protagonista de *The Man Who Came to Dinner* (1942), una actuación que bien podría resumirse bajo el epígrafe «la mujer americana victoriosa ante la Depresión». Un papel parecido era el que Barbara Stanwyck desempeñó, después de haberlo rechazado la Davis, en *The Gay Sisters* (1942), en el que la protagonista, también fría y sin escrúpulos en aras del éxito, demostraba la capacidad de la mujer de triunfar en lucha contra el sexo masculino y por la conquista del poder y del dinero.

Todos estos personajes se encuentran en la base de otros posteriores que no han hecho sino repetir esa misma imagen de Señora del Lugar, dispuesta a todo por ambición, sexualmente hipócrita, detestablemente cínica y entregada a una perpetua conspiración en un mundo en que la hegemonía es exclusivamente masculina, pero siempre redimida por un extraño e inefable amor a la tierra. El ejemplo más espectacular de cómo a esta identidad femenina no parecen serle aplicables las categorías del tiempo en su persistencia en dominar el imaginario colectivo lo tendríamos hoy en Angela Channing, el personaje que interpreta Jane Wyman en la serie *Falcon Crest*... Por cierto, ¿será casual que su apellido, Channing, sea el mismo que el del personaje central de la que acaso quede como la más genial personificación de Bette Davis, la Margot Channing de *Eva al desnudo*?

Este significado de Bette Davis, siempre al servicio de la formalización conceptual de los peligros de la femineidad vengativa y descontrolada, alcanzará extremos delirantes en la ya aludida *La carta*, una película en que esa insistencia cultural en fabular en torno a la hembra inquietante aparece enfatizada por aquel papel que merecía la Luna, como fuente misteriosa de designios criminales antiviriles, metáfora fácilmente reconocible de los letales resultados de la voluntad de desagravio de lo femenino oscuro. Es esa entidad suprema, la Luna, tantas veces símbolo inmejorable de la condición femenina, la que guía a la abyecta Leslie Crosbie en la casi mística misión de castigar al sexo masculino. Además, para subrayar lo precario de la sumisión de la mujer al imperio de lo doméstico, Wyler no dudó en inventarse, al margen de la novela original de Somerset Maugham, un rasgo definitorio de la implacable asesina, consistente en hacerla pasar toda la película dándole puntadas a un chal de encaje, como para señalar lo falso y frágil de cualquier imagen tranquilizadora de la mujer. Una mujer que, a pesar de todos, continuaba siendo un ser para el amor y que podía, en un momento dado, decir cosas del calibre de «No puedo, no puedo. Aun sigo amando con toda el alma al hombre que asesiné».

Todas estas variantes eran útiles para demostrar hasta qué

punto Bette era perfecta para dar cuenta de un tipo de percepciones culturales que Hollywood manufacturó astutamente en sus factorías y que presentaban a las mujeres como seres arriesgados para la integridad moral e incluso física de los hombres, no a pesar sino a causa precisamente de su poder para amar, porque para el anómalo espíritu femenino el amor conducía con demasiada frecuencia a destruir lo amado. Esta premisa omnipresente en la ideología de la cultura quedaba perfectamente enunciada en esa escena del *Matador* de Almodóvar, en que el torero le dice a Assumpta Serna: «Toda mujer lleva dentro a un asesino», y ella le responde: «...y todo asesino lleva dentro una mujer». Como se sabe, Bette llevó sus figuraciones de lo monstruoso femenino hasta la parodia del gran guiñol, en papeles de su fase más tardía como la morfinómana de *Donde el círculo termina* (1959), la atroz coprotagonista de *¿Qué fue de Baby Jane?* (1962) o la Fu-Manchú hembra en que se convirtió para *El extraño mundo de Madame Sin* (1971).

La gélida sexualidad de Bette Davis también podía ser puesta a disposición del arquetipo de la mujer perversizante y atroz que suponía la Mildred de *Cautivos del deseo* (1934), la cruel y ordinaria camarera que atormentaba a un escritor tullido (Leslie Howard). O la joven casi ninfómana que ayuda al asesinato de su esposo de *Barreras infranqueables* (1935), en la que Bette hacía pareja con Paul Muni. O Rosa Moline, el ama de casa insatisfecha que engaña a su marido por puro aburrimiento, para acabar pagando trágicamente su indignidad, en esa extraordinaria e ignorada película que se llamó *Beyond the Forest*, dirigida por King Vidor en 1949. Su significación antimatrimonial se constataba también en aquella crónica de un divorcio que fue *La egoísta* (1950), un título elocuente por sí mismo de la responsabilidad de la ambición femenina en los fracasos conyugales que Bette Davis se encargaba de corroborar.

Otro registro al que Bette Davis sabía prestarle su temperamento artístico era el de la mujer dura y vulnerable al mismo tiempo, a la manera de la compañera del presidiario Spencer Tracy de *20.000 años en Sing Sing* (1933), un tipo de asimilación que no sería ajena a que se pensara en ella, en 1946, para el papel que luego encarnaría Katharine Hepburn en *La Reina de África*. Extrapolando esa misma operación de síntesis entre grandeza y fragilidad a niveles megalómanos, el resultante sería las intersecciones realeza/femineidad que incorporó: Carlota, esposa de Maximiliano de México, en *Juárez* (1939); Isabel I de Inglaterra en *The Private Lives of Elizabeth and Essex* (1939) —cuya inflexibilidad no le impedía decir cosas como: «Ahora sé lo que el futuro significará sin ti. El sol girará en torno a una tierra despoblada y yo seré la reina de los espacios despoblados y de la muerte»—; la monarca ya más dulcificada en *El favorito de la reina* (1955), o Catalina la Grande en *El capitán Jones* (1959). Un capítulo éste en que debería incluirse el interés que demostró en ser ella la que llevara al cine la figura histórica de Mary Todd Lincoln, a mediados de los 40.

No se puede olvidar la equivalencia que Bette Davis podía establecer con la protoimagen de la mujer cultivada y con aspiraciones intelectuales. Todos recordamos a Gabrielle Mapie, la protagonista de esa casi pre-wenderiana *El bosque petrificado* (1936), una camarera encerrada en un sórdido y perdido restaurante de carretera del desierto de Arizona, que lee a Villon y pinta, y cuyo máximo deseo es el de escapar lejos de allí, al encuentro de una Francia puramente mítica —«...y veré un mundo distinto y precioso, y bailaré con la gente en las calles»—, en la que sus sueños de plenitud creativa se verían cumplidos. Clara alegoría donde reconocer la voluntad frustrada de muchas mujeres norteamericanas de escapar del ambiente claustrofóbico y embrutecedor de la crisis de los 30 o, más en general, de una vida doméstica frustrante en la que es imposible encontrar un mínimo eco para su maltratada e incomprendida sensibilidad —«hay algo en mí que anhela algo diferente a esto», le dice Gabrielle a Alan (Leslie Howard)—. No creo que le sea difícil al lector hacerse una idea de las relaciones cine/espectadora en los años de la Depresión después de la recreación que de ellas hiciera Woody Allen en *La rosa púrpura de El Cairo*.

A ese mismo orden pertenece la proposición contenida en el personaje de la poetisa solterona y algo neurótica de aquel injustamente tratado estudio acerca de la sociedad humana que fue *Winter Meeting* (1947). También debe decirse que esa imagen intelectualizada de Bette Davis tenía sus riesgos, de manera que el público nunca aceptó que entre sus variantes repertoriales se encontrara la bibliotecaria filocomunista de *Storm Center* (1956), una concesión militante, como lo había sido su papel de alemana antinazi de *Watch on the Rhine* (1943), a sus no siempre perdonadas debilidades progresistas. También es interesante constatar la posibilidad de hibridizar esa figuración de la Bette escritora con la de la Bette asesina antimasculina, como quedó demostrado en *Another Man's Poison* (1952), en la que la artista —en un papel pensado en principio para la Stanwyck, lo que venía a corroborar su intercambiabilidad— representa a una autora de novelas negras que acaba envenenando a su marido.

De cualquier modo, Bette resultó ideal para representar a la «mujer hecha a sí misma», victoriosa sobre los convencionalismos, que tanto necesitaba el sexo femenino norteamericano ver completada en el ámbito de lo imaginario. Es el caso de la fea y desgarbada Charlotte Valle de *La extraña pasajera* (1942), capaz de convertirse, por efecto de una voluntad indoblegable de vencer a las circunstancias, en una mujer atractiva y dotada de una gran seguridad en sí misma, una historia con adulterio incluido que se constituyó en el ejemplo perfecto de la imagen «avanzada» que el feminismo de la época exigía ver ejecutada en las pantallas, aunque fuera a costa del escándalo puritano.

Pero donde ese perfil conceptual alcanzaba una precisión máxima era sin duda en *Eva al desnudo*, la obra maestra que dirigiera en 1950 Joseph Leo Mankiewicz y donde Bette Davis encarnaba a la inmortal Margo Channing, una actriz a medio camino entre Elizabeth Bergner y Tallulah Bankhead. En un primer nivel de lectura, *Eva* funciona como una lúcida y lacerada reflexión acerca de la condición estelar en el *show-bussines*, un asunto al que de algún modo Bette ya se había aproximado en *Mr. Skeffignton* (1944), cuya enfermiza y agocéntrica protagonista estaba claramente inspirada en la actriz Fanny Ward, y al que volvería a remitirse más adelante en *La estrella* (1953). En ese sentido, *Eva* debe ser leída en relación con otra obra maestra contemporánea suya: el film de Billy Wilder, *El crepúsculo de los dioses*. *Eva* también reflejaba la situación personal en que se encontraba Bette Davis en aquel momento de su carrera, así como un tipo de animosidad endémica en el mundo del espectáculo y del que la propia actriz participaba plenamente, tal y como reconocía en *The Lonely Life*, su autobiografía: «Ha llegado a la cumbre a fuerza de mucho arañar, e incluso hubiera empleado el asesinato para conseguirlo».

Pero, mucho más allá, *Eva* es un discurso sobre Eva o, lo que es lo mismo, sobre la condición femenina y lo que el cine americano tantas veces ha considerado sus más inalterables sustancias: la intriga, la seducción, la deslealtad, la ambición desmedida... Eva es mentirosa, chantajista, carece de escrúpulos y emplea el sexo como un vehículo para su insaciable codicia, pero esa Eva no es sólo el personaje de ese nombre, sino que también lo es el de la propia Margo (no en vano alguien decidió que la edición española de *The Life of Bette Davis* debía titularse *Bette Davis al desnudo*), y el de Phoebe (Barbara Bates), la muchacha que aborda a Anne Baxter al final de la historia, dando a entender que se reinicia el ciclo de la competencia a muerte por el triunfo... Eva es la mujer misma sorprendida en su intimidad conceptual. *Eva al desnudo*, que no es casual que en Sudamérica se titulara precisamente *La malvada*, se articula casi como un resumen de los principios que inspiran el tratamiento peyorativizante que Hollywood ha dado siempre a sus representaciones de la mujer, aunque no haga con ello más que renovar mitos obsesivamente repetidos por la humanidad, incluido el de la Eva bíblica, que es el de la invención femenina de la malignidad misma. Nos encontramos sin duda ante uno de los derivados del monopolio masculino sobre las instancias de control sobre el simbolismo colectivo: la convicción de que la naturaleza femenina albergaba un alma condenada a propiciar eternamente el mal.

Eva al desnudo puede servir también para llamar la atención acerca de cómo los conceptos encarnados por Bette Davis sólo resultan comprensibles a partir de su ubicación en un sistema de oposiciones en el mismo dominio de lo femenino. Casi sin excepción, todas las películas de la Davis plantean conflictos dramáticos entre mujeres situadas en relaciones de simetría simbólica, muchas veces recurriendo a versiones radicales del tema de «las amigas opuestas», como en *Old Acquaintance* (1943) o en *¿Qué fue de Baby Jane?* Pero, en general, los personajes de la Davis adquirían su sentido contradistinguiéndose al de otras mujeres, con las que establecía alguna modalidad de contencioso, no pocas veces con un alto contenido de equivocidad por lo que hace al aspecto sexual de la relación, como ocurría espectacularmente en *Eva*. A ello contribuía la elevada dosis de ambigüedad que Bette destilaba —no en vano la publicidad se empeñó en presentarla como «la rival de la Garbo»—, y no hay duda de que en el tipo de malentendidos propiciados estaba la clave de la devoción que por ella empezó a sentir el público gay americano a partir de los años cincuenta. Bette, que nunca había dado a entender inclinaciones homosexuales en su vida amorosa, tuvo que protestar porque la portada del disco de *Old Acquaintance*, en que aparecía brindando con su odiada Miriam Hopkins, sugería lesbianismo, por no hablar del acoso sexual al que la sometió durante años Joan Crawford.

Otro de los resultados de esa preocupación conectiva lo hallamos en la recurrencia con que aparece comprometida en variaciones de otro esquema temático inconfundible: el de la «oscura hermana». Como en *Bad Sister* (1931), su primera película —aunque en aquel caso la «mala» fuera Sidney Fox—, *Las hermanas* (1938) o *Como ella sola* (1942), donde era moralmente derrotada por Anita Louise y Olivia De Havilland, respectivamente. Una estrategia de representación que será capaz de autocaricaturizar en *Una vida robada* (1946), en la que Glenn Ford debía elegir entre una Bette Davis dulcísima y su hermana gemela, una Bette Davis aborrecible, un papel parecido al que, mucho más tarde, en 1964, hiciera en *Su propia víctima*. También como una parodia debe entenderse *Canción de cuna para un cadáver*, de aquel mismo año, donde Robert Aldrich se divertía recreando de nuevo el cochambroso Sur de tantas películas de Bette Davis, sólo que endosándole a ella ahora el papel de «buena», y a la dama honesta y dulce por excelencia del cine americano de décadas atrás, Olivia De Havilland, el de «malísima». Recordar, por último, que de esa naturaleza fue una de sus últimas apariciones cinematográficas, como la hermana mayor de Lillian Gish en ese ejercicio de virtuosismo en torno a la evocación que es *Las ballenas de agosto* (1987).

Bette Davis fue todas esas personas-concepto. Su capacidad para figurarlas de manera no superada la ha hecho merecedora de un lugar privilegiado entre las fuentes de donde bebe la imaginación de las muchedumbres. Los contenidos vertidos por las historias que habitaba hablan, por un lado, de una configuración de valores propios de unas coordenadas sociales específicas y deben entenderse como cristalizaciones de un sociolecto particular. En ese sentido, esas narraciones funcionan como parábolas relativas a la condición femenina, en las que Bette Davis es útil al punto de vista de las mujeres porque completa, en la dimensión de lo ficticio, una voluntad que es a la vez de realización emancipadora y de venganza antimasculina y antisocial, mientras que confirma a los hombres las intuiciones culturalmente heredadas acerca de la calidad alarmante y peligrosa de la mujer y justifican, en nombre de la precaución ante su amenaza, las relaciones asimétricas que se le imponen.

Pero más lejos, trascendiendo la idiosincrasia del tiempo en que su obra fue vista y admirada, aquella misteriosa *star quality* que tan intensamente incorpora Bette Davis se confunde con esa otra cualidad, la mítica, que los seres humanos están en condiciones de reconocer en cualquier circunstancia cultural. Más allá de su condición de catalizadora social, aquella virtud chamánica de la que hablábamos al principio, Bette Davis es ante todo puro artilugio intelectual. Decimos que Bette «es un mito», o que «es inmortal», sin darnos cuenta de lo exacto de nuestra apreciación. En efecto, es inmortal porque el tejido de que está hecha su existencia significadora es mítico. Planteado de otra forma, decir, como decimos: *Bette Davis es Jezabel*, equivale a pronunciar: *Jezabel no era otra que Bette Davis*. Su muerte, la noche del 6 de octubre de 1989, no fue en definitiva más que un regreso a su patria anterior: un rincón del pensamiento y la memoria de todos nosotros, los humanos. Parte viva de la arquitectura misma del espíritu, reposa ahora, para siempre ya, en la perpetua paz de su estructura.

Lana Turner:
la Perversa Doméstica

LLUÍS FERNÁNDEZ

DE todas las perversiones, la que mejor le sienta al séptimo arte es la doméstica. De ahí que la fábrica de sueños no haya hecho otra cosa que encubrirla mediante una adecuada sublimación y un arsenal de imágenes de lo más estrafalario. Aunque también es cierto que, paralelo a este movimiento de dignificación de un arte nacido como espectáculo de barraca de feria, otro movimiento de idénticas proporciones se haya encargado de ir dinamitándolo mediante el acrecentamiento de la ilusión realista. De Theda Bara a Elvira existe en realidad tan poca distancia como de la divina Greta Garbo a la divina Bette Midler; todo es cuestión de perspectiva histórica, o de mirada impía.

Ahora que ha vuelto el cine de género a la vieja usanza y el *star-system* ha abandonado sus veleidades progresistas y anti-míticas, estratagema utilizada para preservar el aura y misterio que el arte cinematográfico perdía a pasos agigantados con la irrupción de la televisión, la música pop y el declive de los estudios, puede admirarse el momento inaugural en el cual Hollywood se enfrenta por vez primera con la paradoja de la *star*: en el cine de los años cincuenta, donde todavía pervive como sublime icono romántico, pero a la vez marcado ya por la desmitificadora guadaña del realismo. Nunca como entonces las estrellas y *pin-ups* lucieron con tamaño resplandor y *glamour*. Como también, nunca como entonces lo doméstico fue la tónica dominante del cine que perdía su condición de gran espectáculo familiar de masas para pasar a diversión juvenil. Atrás quedaban las perversas *femmes fatales*, vamps y aventureras en tierras exóticas substituidas por perversas lolitas o madres de familia mundanas y pecadoras.

Los *weepies* que triunfan en el cine colorista y panorámico de los años de la guerra fría son melodramas modernos cuyo centro focal es el ama de casa convertida en reina de un pequeño pero intenso marco doméstico. Y nadie como Lana Turner —del triunvirato de la mística glamurosa formado por Rita Hayworth-Lana Turner-Ava Gardner—, lo emblematizó mejor con sus oropeles, desplantes, enarcado de cejas pintadas y despilfarro de visones hasta erigirse, con toda justicia, en reina de las perversas insatisfechas. Así se lo reprochaba Michael Rennie en *Las lluvias de Ranchipur*:

—«Una fortuna inmensa y nada de corazón. Porque eres la más cínica, la más egoísta y la más odiosa mujer de este mundo».

Ella representa la perversión *middle class* en la era del hedonismo, como Greta Garbo, Marlene Dietrich y Joan Crawford representaron las diosas del sexo, aventureras o sublimes pecadoras veinte años antes. Diríamos que la oposición generacional se establecería entre la excelsa sublimación y la prosaica libidinización.

Desde un punto de vista sociológico, estas nuevas heroínas de los años cuarenta y cincuenta representaron, según escribe Don Macpherson y Louise Brody en *Leading Ladies*, «a la mujer fuerte que usurpó el tradicional rol masculino debido a la experiencia de las mujeres durante los años de la guerra, convirtiéndose al acabar la contienda mundial en los iconos *par excellence* de la cultura homosexual masculina.»

La perversión que introdujo en el cine Lana Turner fue de índole doméstica y urbana, de ahí que ya nadie note su poderoso influjo en las posteriores heroínas —malignas o perversas— de folletín que bebieron en sus fuentes. Hasta entonces, en la puesta en escena de la maldad en el cine de Hollywood se había recurrido a la estereotipada imagen de la vamp y sus secuelas, amantes redimidas por la pasión o la censura. Es evidente que la primera heroína doméstica que rompe con la vieja imagen de la «estrella diosa» es la inmortal Bette Davis. Una imagen cuyos eslabones lo forman otras inmortales como Joan Crawford, Barbara Stanwyck, Jane Wyman y Lana Turner, por citar solamente a las máximas intérpretes de *weepies* o *soap operas* de los años treinta a los cincuenta. Con Bette Davis en *Of Human Bondage* y *Dangerous* emerge, remozado por el tratamiento realista, el personaje de la antigua vampiresa sin alma, reconvertida ahora en mujerzuela sin remordimientos ni complejos de culpabilidad. Barbara Stanwyck en *Perdición* y Lana Turner en *El cartero llama siempre dos veces* son los exponentes señeros de esta tradición de malvadas sin contrición, prefigurada en la monolítica vampiresa del cine mudo: Theda Bara.

Cine y vida se irán fundiendo y confundiendo, al modo de la creación de la *star*, expuesto por Edgar Morin en *Las estrellas*, a partir de grandes arquetipos: la virgen inocente, la vampiresa, la gran prostituta, destacándose o confundiéndose en el seno del gran arquetipo de la mujer fatal, y Lana Turner, como perfeccionamiento y vulgarización de ésta, se verá obligada por los estudios a representarlos todos y todos con igual fortuna, pues lograba imponerse a ellos homologándolos por la marca de fábrica Turner.

Genealogía y evolución de la vamp

Un análisis de la evolución de la vamp desde Theda Bara, como mito fundacional, hasta la desaparición del *star-system* a finales de los años sesenta evidenciaría los componentes estructurales de ésta. A grandes rasgos, con la vamp aparece en el cine la figura de la mujer sexualmente agresiva, producto de las fantasías homosexuales, paranoias y miedos masculinos proyectados en ellas. Estas demoníacas «mujeres fatales» que, como Theda Bara, representan el arquetipo de la tentadora, fatal destructora de los enamorados, tiene todos los visos de ser el producto de la superposición de tres aspectos sexuales y vestimentario de la feminidad: la mujer, el travestido y el homosexual. De ahí el ambiguo y morboso atractivo que emanaban estas diosas del sexo encarnadas por Greta Garbo, Marlene Dietrich y Jean Harlow. No puede explicarse de otra forma, desde su aparición en las salas obscuras, la fascinación que han ejercido sobre sus admiradores, exégetas y hermenéutas, atrapados en la divina y misteriosa sexualidad que desprendían.

Es sencillo, desde una visión camp, desentrañar lo que estas viejas estrellas tenían de iconos travestidos, fácilmente identificables como enmascarados prototipos de la represión homosexual y único camino por donde el inconsciente masculino pudo drenar tales fantasías

La aparición de la mujer fuerte de los años cuarenta es una revisitación, por parte de los estudios, del mito romántico de la vamp, que tan buenos resultados les había dado en los primeros años del cine sonoro. Así, Ingrid Bergman y Hedy Lamarr serían las nuevas Garbos, como Lana Turner respondería al esquema de la rubia platino Jean Harlow. Mujeres fatales éstas, mucho menos divinas e inaccesibles que las anteriores, incapaces, durante los años cincuenta, de seguir sosteniendo un mito que se deshacía con la aparición de la sensibilidad homosexual y actores capaces ya de encarnarla de forma todavía difusa pero ostensible. Tales fueron los casos del fenómeno «New Macho», con la secuela de actores «problemáticos y vulnerables» como Monty Clift, Marlon Brando, Tab Hunter, Rock Hudson y James Dean. La oposición mujeres fuertes/héroes vulnerables marcará una nueva división en el desmembramiento mítico de la mujer fatal, de tal forma que estas nuevas heroínas perderán en el trasiego uno de los tres componentes que las «divinizaba»: la vertiente homosexual, manteniendo todavía el aspecto de una femineidad «fuerte» en un envoltorio de lujosas iridiscencias procedentes del «New Look» de Dior.

Nada mejor para representar el nuevo tipo que las heroínas del teatro de Tennessee Williams como prototipos de la nueva imagen femenina de posguerra, fuertemente contestada tanto desde los frentes de liberación gays como desde el feminismo radical, tildadas de travestis y «mujeres malformadas». En este sentido, Lana Tuner representa el arquetipo hollywoodense de lo que queda de la «divina», un pobre y prosaico amasijo de ademanes «afeminados» y comportamientos típicamente homosexuales inscritos todavía en el cuerpo de una mujer.

La etapa final de este movimiento de «desdivinización» o desmitificación de la estrella «Tinseltown», la encontraremos en el cine de Andy Warhol y su cuadra de «superestrellas» a imitación del Hollywood más rancio y pasado de moda; rematando el proceso con la aparición de *Myra Breckinridge* como anti-mito terminal. *El cuerpo* puso en escena la fantasía mariquita de Gore Vidal representando al unísono a la mujer fuerte, el transexual y el gay, al tiempo que humillaba de forma harto simbólica al varón norteamericano, creador de la mujer fálica. Perversa fantasía hollywoodense.

En este sentido, Warhol y su factoría fueron el remedo paródico, la lectura textual de Hollywood y del *star-system* periclitado y puesto en funcionamiento a partir de la nostalgia, la sensibilidad gay y la visión camp aparecidas con los frentes de liberación gays. De nuevo se repite el *remake* de la vamp, pero como un cuerpo fragmentado en el cual cada parte toma vida y se independiza de forma autónoma. Por un lado se revive a Garbo como trasunto de la mujer fuerte y altamente sexualizada, apropiado para *superstars* como Viva, Ultra Violet o Ingrid Superstar. Por el otro, los viejos mitos de la *femme fatale* se reencarnan en travestis como Mario Montez: parodiando a Harlow en *Harlot*, a Hedy Lamarr en *Hedy* y a Lana Turner en *More Milk, Evette*. Y, finalmente, la figura del homosexual aparece dibujada, aunque más débil, dividida en dos vertientes autónomas: una masculina, el gay: Paul América y Joe Dallesandro, y otra femenina, el travestido: Holly Woodlawn, Ondine y Jack Smith. Como puede apreciarse en todos los films de Warhol, el hombre carece de entidad e individualidad, es puro resto.

Adriano Aprà y Enzo Ungari lo analizaban así en su estudio *Il cinema di Andy Warhol* al hablar de *Harlot*: «Jean Harlow es un travestido, como lo es también Mae West y Marilyn Monroe, en el sentido de exagerar su feminidad hasta convertirla en glosa de esta femineidad antes que representación de la realidad. De ahí que se haya querido que el rol de Jean Harlow fuese interpretado por un hombre. La diva travestida de homosexual, o el homosexual travestido de diva, está cómodamente tumbada junto a su amante, una lesbiana.»

Permanente imitación a la vida

Es sabida la propensión del público a mezclar los aspectos más relevantes de la doble naturaleza de la actriz, la personal y la escénica, como un todo e identificar a la *star* por los papeles más significativos de su carrera. Lana Turner quedó marcada como nueva mujer fatal en *El cartero llama siempre dos veces*, *remake* actualizado de Jean Harlow, y a raíz del asesinato del gángster Johnny Stompanato y la publicación de sus escandalosas cartas, en una permanente imitación a la vida. Algo totalmente lógico, pues su turbulenta vida personal rivalizaba con el cine e incluso era un fiel reflejo de la clase de films que protagonizaba. Al igual que otras muchas estrellas de Hollywood, el arte escénico llegó a confundirse con su vida. En el *biopic Harlow, la rubia platino*, la cínica conversación que mantiene quien se supone es el señor Mayer y el agente de la *star* puede servir como compendio ideológico de este aspecto:

Mayer: «Lo malo de esta profesión es que la gente llega a adjudicarse en la vida el papel y cree que siempre han de ser amados. Nunca se cansan, no se desengañan jamás. Repárteles un primer papel en una película y lo querrán también en la vida. Dales un buen papel una vez y luego querrán trabajar las veinticuatro horas del día».

Agente: «En fin, nosotros hicimos una estrella de Jean Harlow y somos responsables de que coma y de que viva».

Mayer: «La comida que ella necesita existe sólo en las películas. Se morirá de hambre».

La gacetillera Dorothy Kilgallen escribió que para Lana Turner no había diferencia entre dentro y fuera de la pantalla: «Las ropas que lleva son las mismas que pagas por vérselas utilizar un sábado por la noche en Bijou. La atracción física es tan grande cuando mira al jefe de camareros como cuando mira al héroe de la película», y el estudio jugó también sus bazas aprovechando los sucesivos escándalos de Lana Turner. Cuenta su hija que L. B. Mayer le espetó un día: «A ti lo único que te interesa es esto», y se señaló la entrepierna.

Al poco de quedar embarazada de su segundo marido Stephen Crane, se descubrió que éste era bígamo, por lo cual cambiaron el título de su película *Nothing Ventured (Nada arriesgado)* por *Lawless (Ilegal)*. Luego, al ver que el título era excesivamente conflictivo para los asuntos legales de la estrella, volvieron a titularla *Slighthy Dangerous (Ligeramente peligrosa)*. Vida y ficción comenzaron a interrelacionarse de forma insospechada, resultando difícil desentrañar quién copiaba a quién. Lo cierto es que la MGM aprovechó sus desenfrenos para crear la leyenda cinematográfica de la estrella como la última de las reinas de Hollywood. Históricamente ocupó el lugar de diosa del sexo, vacante desde la muerte en 1936 de Jean Harlow hasta la aparición de Marilyn en los años cincuenta.

Coincidió con su embarazo el descubrimiento de que Stephen Crane era bígamo. Cuenta su hija en su autobiografía que «era un misterio cómo la vida real podía trasladarse a la pantalla y viceversa». En seis de sus películas aparecieron escenas en tiendas de refrescos. Interpretó las asesinas más sexys que la censura permitió. Llegó a hartarse de interpretaciones llenas de lágrimas en salas de audiencias y finalmente sus películas más taquilleras fueron aquéllas que interpretaba a madres llenas de coraje con hijas problemáticas.» Al ser improcedente su participación en *A dónde fue el amor*, el *best-seller* de Harold Robbins basado libremente en el asesinato de Johnny Stompanato, Ross Hunter la llamó para interpretar el papel de madre con hija problemática en *Vidas borrascosas*, repitiendo a partir de entonces, desde distintos puntos de vista aspectos de su escandalosa experiencia familiar, como en *Imitación a la vida*, o *Retrato en negro*, en el papel de una asesina cuya hijastra, Sandra Dee, apuñala al amante de ésta (Anthony Quinn) accidentalmente.

Su caso admitiría una lectura paradójica de lo que se llamó «el caso Cumming» o «conflicto de imágenes» en una estrella. Como señala Alexander Walker: «El público debía aceptar que las características de la estrella como persona real e imagen en la pantalla no estaban reñidas irreconciliablemente». En muchos casos, como se ha visto, se cumple, ya que los papeles que interpretan las estrellas tienen que ver con el temperamento o deriva vital de éstas fuera de la pantalla, por lo cual, el público tiende a mitificar hasta la más insulsa de las películas de la estrella adorada.

«Tinseltown Movie Star»

En el caso de estrellas con escándalo en su vida privada como es el de Lana Turner, la mitificación de todo cuanto hacía o decía la estrella se redoblaba por arte de magia. Su declaración frente al tribunal que juzgaba a su hija fue considerada unánimemente por la prensa como «la escena más dramática de toda su carrera».

Desde el comienzo del *star-system* los escándalos y el sensacionalismo asociados a éstos contribuyeron a crear el sistema mismo del estrellato. Hasta 1932 no hace su aparición el término «torpeza moral», utilizado por los estudios como elemento de coerción y correctivo contra las estrellas díscolas. En 1958, año de la muerte por asesinato del gángster Johnny Stompanato, los estudios no están ya en condiciones de represaliar a ninguna estrella, y menos cuando la carrera cinematográfica y personal de Lana Turner se fundamentaba en la trasgresión de todos los tabúes del estrellato. Sólo que la MGM, donde Lana Turner trabajó la mayor parte de su ascendente carrera, reconducía adecuadamente la escandalosa existencia de la estrella, adecuándola a la imagen amoral de una mujer de mundo dominada por la lujuria más desenfrenada.

Desde *Senda prohibida* hasta *El cartero llama siempre dos veces*, quedó perfectamente configurado el personaje de perversa ama de casa desquiciada por el aburrimiento y la ansiedad sexual. Sus posteriores interpretaciones no son otra cosa que variaciones sobre el mismo tipo, eso sí: degradándolo hasta hacerlo converger en lo que Lana Turner siempre fue: «The Tinseltown Movie Star» (la reina del oropel hollywoodense). Una neumática y sofisticada mujer de mundo en busca de gigolós con las características sexuales del fallecido gángster o cualesquiera de sus otros amantes. La fama de Johnny Stompanato en Hollywood se debía a las medidas «Premio de la Academia» de su pene, que lo hacía merecedor del apodo de «Oscar».

A nadie ha de extrañar que los más conspicuos fans de Lana Turner se encuentren entre las mariquitas *vielle ècole*. La forma entre impúdica y recatada que tenía Lana Turner de alzar sus cejas pintada ante un hombre, como midiéndolo, sin recato, la elección de gigolós latinos con fama de poseer fabulosos atributos masculinos y pagarles por su compañía, así como el calvario que la estrella sufrió por perder a menudo virtud y chequera demasiado a la ligera para una gran señora como ella, dan una idea del submundo que la estrella llegó a representar y sus películas siguen representado en el imaginario de estas personas, como modelo de la madre/prostituta. Pues sus papeles oscilaron entre la madre abnegada en *Vidas borrascosas* y el objeto degradado en *Las lluvias de Ranchipur*. Mala de peluquería en *El cartero* y *Los tres mosqueteros* y madre modelo/pecadora redimida en *La mujer X* e *Imitación a la vida*. Rematado por la gran ramera en *El hijo pródigo*.

Se mire por donde se mire, el personaje encarnado por

LANA TURNER: LA PERVERSA DOMÉSTICA

Lana Turner, tanto en la ficción como en su vida, es el típico de la estrella glamourosa del Hollywood de los años cincuenta e impensable en otra época. Para apreciarlo se necesita una mirada camp y una sensibilidad típicamente mariquita, vertiente sadomasoquista. No todo el mundo está en condiciones de representarse a Lana Turner como mito erótico y perversa *middle class* con sólo ponerse las gafas en el primer plano de *Las lluvias de Ranchipur*. Faceta apreciable ya en su primera aparición estelar en *El cartero llama siempre dos veces*, cuando un lápiz de labios rueda hasta los pies de John Garfield y éste enfoca unas piernas rematadas con zapatos topolino blancos. Cuál no será su sorpresa cuando al alzar la vista descubre a Lana-Cora recortada en el vano de la puerta. Una torerita y ajustados *hot-pants* muestran su barriga desnuda y remata el delirante conjunto un turbante, todo ello en blanco, mientras se mira con indiferencia en el espejo de mano y coquetea de forma displicente.

El deslumbrante nimbo albo de sus ropas fue una imposición de la Metro, temerosa de la censura, por lo cual recomendó a Tay Garnett que vistiera de blanco virginal a Lana Turner a lo largo de toda la película. De la misma forma que al finalizar el rodaje, el departamento de promoción comenzó una campaña con Lana Turner como madre modelo, ante el cambio que podía suponer en su carrera el interpretar un personaje tan malvado y amoral como la Cora de *El cartero llama siempre dos veces*. A pesar de las recomendaciones del señor Mayer, ha de reconocerse que Lana Turner emana cualquier cosa menos espiritualidad. Al ser contratada por la MGM asistió a la «escuela superior» del estudio, verdadera escuela de *glamour*, donde se las adiestraba en buenos modales y a comportarse como una estrella: prohibido el alcohol y palabras malsonantes, nada de cigarrillos en público y sonrisas a lo Gran Cañón. Por lo cual, la forma como Lana Turner caminaba, encendía un cigarrillo, vestía o se ponía las gafas de sol eran un verdadero prodigio de estilo «Tinseltown». Como Minnelli muestra en *Cautivos del mal* en la escena en la que Kirk Douglas trata de enseñarle cómo debe fumar:

—Hazlo otra vez y trata de poner más vida cuando enciendas el cigarrillo. Haz que eso llegue a significar algo. ¡Vamos, repítelo! Coge otro. Eso es. Empieza a encenderlo. Mira arriba. Eso es. Ahora enciéndolo siempre pensando, pensando. Muy bien. Eso es todo lo que hay que hacer.

Lo cómico es que mientras la divina Greta se consume de forma solipsista entre el humo del cigarrillo y Marlene sugiere oscuros placeres, a Lana Turner se le dibuja en el rostro las pasiones más carnales, aquéllas que el espectador está pensando.

Es a partir de *Los tres mosqueteros* y *Mi amor brasileño* cuando Lana Turner sienta las bases de un nuevo modelo de arpía: el ama de casa disfrazada de perversa mujer de mundo. Nada fatal o perdidamente romántico guiarán sus pasos. En la mirada de Lana Turner ha desaparecido el acendrado romanticismo de las grandes pecadoras. Como la de Mae West, pero sin necesidad de alardear cómicamente de esa cínica mirada, Lana Turner mide en centímetros las propiedades masculinas de sus futuros amantes y los libidiniza con descaro. Sus ansias de lujo, dinero y lujuria para poder dominar la situación, es decir, escoger el objeto de su agrado, ya se manifestaban en el encuentro en la cocina de *El cartero llama siempre dos veces*. En realidad, Lana Turner recrea, cargándolo de un obsceno erotismo, el personaje de Barbara Stanwyck en *Perdición*. Ambos personajes, aburridas e insatisfechas amas de casa de la depresión, ansiosas por conseguir sus pérfidos propósitos, son creaciones del novelista James M. Cain. Sin embargo, la interpretación de Lana Turner responde a una nueva concepción más barroca y descarada de la mujer dura del cine de los años cuarenta.

Rita Hayworth fue la reina de la metáfora al lado de Lana Turner y su radical manera de demandar eso mismo que las diosas de la pantalla sólo pedían mediante el interminable ritual del pavoneo y la seducción más convencional. No obstante, nadie como Lana Turner tenía escrito en la mirada la obscenidad de aquello que estaba buscando y lo que se proponía hacer con ello.

Hay que reconocer que la perversión de Lana Turner es del modelo señorita Pepis, pero unida a la obsesión falocéntrica de la mariquita resulta radicalmente novedosa como figura intermedia en el declive de la vamp. No sólo los gays encuentran en ella un dechado de virtudes y modelo donde mirarse sesgadamente, sino que de alguna manera las obsesiones, deseos y orientación sexual de Lana Turner como mito hollywoodense es producto de la represión que la invistió y le dio sentido metafórico como única posibilidad de existencia en la cultura de masas.

La sexualidad de Marilyn Monroe y Brigitte Bardot era más explícita, sus insinuaciones estaban llenas de promesas carnales inmediatas. Eran pura metonimia. No hay pues perversión. Su demanda es clara y definida; incluso ingenua. La de Lana Turner, embutida en lujosos visones o decorada con pedrería a lo Rodolfo Valentino y con un sujetador hecho de serpientes enroscadas a lo Theda Bara, en *El hijo pródigo* —la síntesis más acabada del *latin lover* y la vamp—, era la imagen viviente de la obscenidad misma. Como diría el psicoanálisis: el emblema del falo como significante del deseo.

MI ADORABLE IDIOTA

JAVIER GARCÍA SÁNCHEZ

Dos cosas que llegué a saber acerca de Víctor Ruiz me conmovieron hasta lo más hondo. La primera la conocí de su propia voz, pues fuimos juntos al colegio. La otra, más reciente, la supe a través de una tercera persona, una chica que trabajaba en su misma empresa y que me hizo partícipe de la citada noticia porque sabía de nuestra amistad, que se remontaba a la infancia y la etapa escolar, como digo. Después, en su debido momento, explicaré por qué he dicho «trabajaba» refiriéndome a Víctor y no a ella. Lo cierto es que ambos hechos, separados por casi tres décadas, guardan una estrecha relación con la actriz de cine francesa Brigitte Bardot. Puedo afirmar que si me sentí tan conmovido al saber del segundo de tales hechos, es porque acaso sea yo la única persona capaz de detectar la relación existente entre ellos. En efecto, temo que, por un azar, sea sólo yo quien sabe que Brigitte Bardot, la B.B. de la que Víctor estaba locamente enamorado con apenas nueve o diez años, es, en cierto modo, la causante de todo.

Víctor Ruiz era lo que se entiende por un niño sensible. Diría incluso que en extremo sensible. Moreno, poca estatura, piel blanca, imaginativo como pocos compañeros me encontré nunca, era, en lo referente a las chicas, un niño normal. Tímido e introvertido, sorprendía por sus arranques de valentía al dirigirse a los grupos de chicas que con frecuencia se arremolinaban, como palomas inquietas, a la salida de nuestro colegio, los Salesianos de Sarriá, en Barcelona. Ellas, vociferantes y tiernas a la vez, embriones de mujer con su uniforme marrón tierra mojada, su falda corta, calcetines por encima de los tobillos y libros apretados maternalmente contra el pecho como si fuesen sus retoños, salían de las Salesianas, colegio situado a pocos metros del nuestro. Antes de seguir quizá deba aclarar que Víctor y yo fuimos compañeros hasta el final del Bachiller, así que pasamos juntos toda nuestra adolescencia. Al principio, como críos que éramos, no estábamos ni para chicas ni para nada que no fuesen los juegos habituales que se permiten en un colegio de curas con una férrea disciplina. Ambos estábamos a régimen de media pensión, circunstancia que nos llevó a pasar muchos ratos juntos, bajo el resol del mediodía y tras el sopor de la comida, al tiempo que estrechó nuestra amistad, sobre todo en la primera época de los Salesianos. Lo de ir detrás de las palomitas de ademanes en apariencia tan inocentes como voluptuosos, según nos sugería nuestra imaginación cada vez más viril y barroca, fue algo que vino después, a partir de tercero o cuarto de Bachiller. Aunque Víctor solía pasarse los días haciendo bromas, en realidad era un chico serio y con un mundo interior complicado. Fui dándome cuenta con el paso del tiempo, aunque por aquel entonces ya era consciente de ello, aun de forma instintiva. Supongo que mi esquema mental de niño me impedía hacerme una idea exacta de cómo era realmente su carácter. Víctor nunca fue proclive a tener muchos amigos. Parecía escogerlos con cuentagotas, como temeroso de errar en su elección. Creo que Eduardo y yo fuimos sus únicos amigos de verdad en toda esa larga y oscura etapa del colegio. A Eduardo se le pegó Víctor como una lapa, principalmente en los últimos años que pasamos en el colegio de Sarriá. Eduardo era, como yo lo denominaba, su «otro» amigo, o el «amigo del fútbol». Porque Víctor siempre fue un deportista nato. Le encantaba el fútbol. Hablar de fútbol, cambiar cromos de fútbol y todo lo que acostumbran a hacer quienes profesan la fe de ese absurdo deporte. En realidad, a veces pienso que yo sí era el «otro» amigo. Conmigo el fútbol no existía. Él se dio cuenta desde el principio que me daba verdadera vergüenza correr detrás de una pelota como un energúmeno, en medio de una bacanal futbolística de cientos de niños enloquecidos que aullaban, se caían, se peleaban por la posesión de ese pedazo de cuero en forma esférica. A menudo yo actuaba de árbitro, aunque naturalmente no me hacían ningún caso, y en alguna ocasión casi fui agredido por aquella menuda y fanática turba de pequeños profesionales en potencia del balompié. Conmigo se podía hablar, siempre como niños mayores, de todas las cosas de la vida, incluidas las más peliagudas de abordar, como el tema del sexo, de las mujeres. Éramos, sobre todo, confidentes. Aunque también creo que siempre fui, para ese tipo de cosas, más adelantado que Víctor. Su timidez y su espíritu introvertido pesaban lo suyo. Por ejemplo: empecé a hacerme pajas antes que él, e incluso le explicaba cómo lo conseguía, con todo lujo de detalles. Él me observaba, entre temeroso, embobado y lleno de admiración, sin atreverse a opinar. Pero yo sabía que Víctor era más virgen que la mismísima María Auxiliadora, nuestra patrona en el colegio, y que, pese a no haberse adentrado aún en la jungla del sexo, ni siquiera en lo individual, le preocupaba el asunto. Nos lo contábamos todo, regodeándonos en las explicaciones, supongo que a veces exagerándolas convenientemente para parecer, para parecernos más hombres de lo que en realidad éramos. Cierta muestra de ello debían ser las confesiones en torno a las medidas de nuestros así llamados miembros viriles. La exactitud aritmética de las mismas en lo referente a centímetros, grosor, etc., siempre la puse en duda. Yo mismo, que nunca fui mentiroso, añadía siempre un par o tres de centímetros, si no más. Tal puntillosidad aritmética era asumida mutuamente y sin mayores problemas. Todo iba bien en nuestra relación, e incluso rehusábamos la compañía de otros niños. Formábamos una especie de perfecta cofradía de proyectos y secretos, sólo rota cuando Víctor me abandonaba para ir a desfogarse dando patadas al balón. Algo que, después lo comprendí, debía pedirle a gritos su bullicioso y joven cuerpo. Todo iba bien hasta que apareció B.B. Sucedió súbita, bruscamente. La Bardot irrumpió en su vida sacudiendo todas sus estructuras, y de rebote también en la mía. Lo hizo con una virulencia tal que llegué a cogerle manía. La odié profundamente, en silencio, quizá culpabilizándola instintivamente de las fisuras, los desfases o, cuando menos, los puntos oscuros que de pronto enturbiaron nuestra complicidad. La maldita B.B., con su imagen de colegiala perversa y su cara de perrito pequinés hambriento de caricias, vino a poner un incomprensible contrapunto de celos, malentendidos y tensiones a nuestra marmórea amistad.

Todo empezó, recuerdo, una tarde de invierno, durante el

interminable recreo de después de la comida. Apretujados el uno al otro a causa del frío junto a uno de los muros de cemento del patio, Víctor sacó su cartera de bolsillo para mirar ya no recuerdo qué. Y allí salió. Forcejamos en broma y al fin cedió. Se puso colorado, pero después pareció divertirle ese involuntario desliz. Era la foto de una exuberante rubia, Brigitte Bardot, aunque por aquel entonces yo aún no lo sabía, que Víctor había recortado de una revista. La foto era bastante grande, y por lo tanto estaba doblada por varias partes, pero él procuró que ninguno de esos pliegues cruzase la cara de aquella mujer de labios enormes y mirada profunda. Supongo que lo que llamó mi atención fue comprobar que el rostro de B.B., en exceso coloreado por la pésima impresión gráfica que tenían las revistas de entonces, estaba pegado literalmente a un pequeño calendario en el que Víctor había señalado fechas puntuales, cumpleaños, vacaciones y cosas así. En el calendario se veía un primer plano de Santo Domingo Sabio. Un halo semicircular de luz rodeaba su cabeza y su expresión inmaculada. Los ojos del joven santo miraban hacia lo alto como en éxtasis. En la parte inferior del calendario, escrito en diminuta letra cursiva, se leía el lema que hizo Santo a Domingo, y con el que durante años nos machacaban el cerebro a cuantos estudiamos en los Salesianos: «*Antes morir que pecar*». Sé que a Víctor le había impresionado mucho esa frase desde que era muy pequeño, el concepto que, a su entender, se encerraba en ella. Recuerdo que, en un primer efecto visual, me pareció que Santo Domingo Sabio y aquella rubia despampanante del recorte se estaban besando. Sus rostros permanecían apretados dentro de la cartera de Víctor. Aquel joven canonizado, y prematuramente fallecido, simbolizaba la pureza. La rubia, todo lo contrario. Aunque faltaba poco para que mi amigo iniciase a su costa un paulatino, curioso, secreto e irreversible proceso de canonización interior. Aquella rubia era el pecado en estado puro, bruto. Constituía en sí misma, o al menos así era para niños de nueve o diez años, el estado de absoluta pureza que se engendra en el corazón del pecado. Pero aquel recorte de revista no obedecía a un azar. Había más, muchos más recortes de revistas. Incluso algunas postales, en color y en blanco y negro, de la actriz francesa. Las tenía escondidas en su casa, de eso me enteré al poco. No se me ocurre cómo podía haberlas conseguido, pero sospecho que

Víctor iba como un perro de presa en busca de ese material. Recuerdo también que ya aquella tarde de invierno me habló con entusiasmo y veneración de B.B. «Es guapísima», repetía una y otra vez con apenas contenida emoción.

Tuvo que ser después cuando se produjo un acontecimiento de repercusiones considerables en lo concerniente a la pasión de Víctor Ruiz por B.B. En nuestra clase había un chico llamado Benito, espabilado y precoz, que de vez en cuando, a la salida del colegio, caminaba unas cuantas travesías con Víctor, pues ambos iban en la misma dirección. Creo que Víctor tuvo que hacerle partícipe del tema B.B., porque de lo siguiente de lo que me enteré, ya con los hechos consumados, fue que los dos, Benito y Víctor, habían ido al cine Loreto una tarde a ver una película de B.B. llamada *Mi adorable idiota*. Nunca se me olvidará ese título, como tampoco el enorme trauma que supuso para Víctor la citada película. Lo cierto es que me la contó de cabo a rabo varias veces. Se transfiguraba al hacerlo. Pero mi reacción inicial, callada, contenida, fue de celos. Me sentí marginado y engañado por esa experiencia para la que no se había contado conmigo. Estoy seguro, por otra parte, de que aunque Víctor me lo hubiese sugerido con antelación, yo no habría aceptado. Cualquier excusa hubiese sido válida para disimular lo que en realidad suponía dar un salto de gigante. Porque después me enteré que Víctor y Benito habían ido al cine Loreto en horas de clase, y aquello significaba una especie de suicidio tratándose de los Salesianos. No imagino dónde encontró el valor para realizar dicha escapada en un contexto casi policial en lo referente a faltas de asistencia a clase. Tampoco sé cómo les dejaron entrar en el cine siendo unos críos, y más en aquella época, principios de los sesenta, aunque fuese un cine de barrio. Al margen de cuál fuese el tema, el hecho de ser una película de la B.B. bastaba para que tuviera el calificativo de «no apta». Le echaron agallas, qué duda cabe. Después, con el tiempo, pensé que Benito era un crío, sí, pero con aspecto de ser mayor que nosotros, y posiblemente lo fuese. Vestía pantalones largos cuando nosotros aún íbamos con las rodillas al aire. Aunque sus narices estaban invariablemente pobladas de mocos en las dos modalidades conocidas, colgantes y petrificados, había en él algo de tío duro en ciernes. Masticaba chiclé con ademán de suficiencia, escupía regularmente al suelo pero sin apartar la vista de su interlocutor, y en una época, lo sé por la envidia que me causó aquella prenda, vestía una cazadora de cuero, de imitación de cuero supongo, que provocó verdadera sensación en la clase. Parecía el jefe de una pandilla del Bronx neoyorquino. También él fue el primero en aparecer un día con pantalones acampanados, mocasines con hebilla metálica en el empeine y, lo que produjo auténtico estupor, unas gafas espejo. Aquello era demasiado para unos niños que apenas habían iniciado el Bachiller. Naturalmente también era uno de los niños más castigados de la clase, y todos los profesores le tenían manía. Recuerdo que un cura, el Padre Consejero de Menores, bizco, navarro y con un mal humor crónico, al que se le inyectaban los ojos en sangre cuando se ponía agresivo, le pegó varias veces provocando el consiguiente terror colectivo. Pero Benito, Benitillo le gustaba que le llamasen, parecía no inmutarse. Aguantaba los campanazos y castigos con actitud entre estoica y desafiante, en una especie de ostentación de su gamberrismo intelectual, único en el aula.

Fue Benitillo, pues, quien introdujo a Víctor, todo lo opuesto a aquél, pulcro, modosito, apacible y vergonzoso, en los pecaminosos arcanos de la adolescencia. Lo hizo a mis espaldas, por eso me dolió, aunque yo fuera el primer cautivado por el éxito de la *Operación Loreto*, operación que tendría secuelas en Víctor aunque Benitillo desapareciese de su vida por completo a los pocos meses, pues no terminó aquel curso en el colegio. Lo expulsaron. He de decir, que la visión de *Mi adorable idiota*, potenció al máximo la ya precoz y desatada pasión de Víctor por la Bardot, pero sobre todo se sintió impresionado por lo que ocurrió dentro del cine Loreto en aquella especie de incursión pseudomilitar. Me lo contó tiempo después, aún desconcertado y pudoroso, entre chistes y sugerencias. Yo reconstruí el resto: Benitillo, nada más iniciarse la película, se puso la cazadora sobre el regazo y empezó a hurgar por ahí debajo, primero de modo confuso y luego maquinal, compulsivo, mientras dejaba escapar leves jadeos y, para pasmo de Víctor, que le observaba de soslayo, cerraba los ojos sin mirar la película. Así hasta que casi se puso a chillar. Aunque Víctor intuía lo que estaba haciendo Benito, no podía dar crédito a todo aquello. Benitillo se masturbó en sus narices, supongo que en un alarde de osadía ante el compañero apocado. A Víctor, en cambio, pasada la impresión de imaginar lo que hacía Benitillo debajo de la cazadora y ya a solas, le dio por llorar, completamente enamorado de B.B. Hasta entonces aún no la había visto en cine, sólo en fotos de revistas y postales mal coloreadas. El poder del celuloide hizo el resto. A duras penas pudo disimular sus lágrimas ante su colega de fechorías de aquella tarde mágica en el Loreto. Víctor quedó embrujado con la imagen de B.B. y, por supuesto, absolutamente a merced de ella. En cierto sentido, y aunque de modo unilateral, ésta fue la historia de amor, de fidelidad y de entrega más intensa de la que nunca tuve conocimiento. Para Víctor, al que a menudo se le llenaban los ojos de lágrimas y emitía acompasados, enigmáticos suspiros cuando hablaba de B.B. en general y de *Mi adorable idiota* en particular, empezó un calvario en pos de encontrar y adquirir documentación acerca de la Bardot. Fotos, pósters, reportajes, biografías, todo le servía. Todo parecía aliviar su voracidad sin límites. Recuerdo que se llevó un disgusto enorme al saber de la relación de la actriz con el director de cine Roger Vadim, y luego por la boda de B.B. con Jacques Charrier, y aún otro no menos angustioso cuando, ya divorciada, se lió con un tal Bob Zaguri, un tipo obeso y peludo que pululaba por Saint-Tropez y Montecarlo haciendo ostentación de su papel de play-boy. Aquello fue demasiado para Víctor, pero supongo que, pese a nuestra corta edad, aún era capaz de palpar aunque fuese de vez en cuando la cruda realidad a la que con frecuencia parecía dar la espalda: que B.B. no sólo era una actriz célebre y asediada, millonaria y admirada, extranjera y por lo tanto rarísima, sino que era una mujer, y él, Víctor, un niño. Así que, siguiendo su rastro como un cachorro de sabueso, tuvo de soportar con resignación y una especie de insensato aire de mártir toda esa serie de romances, serios o simples *flirts*, de B.B. con decenas de play-boys, gigolós musculosos, actores, intelectuales o directores. Pero el impacto verdaderamente demoledor, una vez preparado el ardoroso caldo de cultivo por *Mi adorable idiota*, se lo produjo una película que colmaba todos sus sueños, al menos en parte, y que se llamaba *Querida Brigitte*. En ella un niño norteamericano, aproximadamente de nuestra misma edad, que también estaba perdidamente enamorado de B.B., convence a su padre viudo, protagonizado por James Stewart, para que vayan a conocerla personalmente. Sobre esa película Víctor me explicó tiempo después que, en efecto, le había impresionado sobremanera por sentirse identificado con el niño, pero que la decepción final fue absoluta y decididamente brutal ya que el citado niño no se casaba con B.B., algo que en definitivas cuentas a él, Víctor, era lo que le hubiese gustado. Eso habría significado seguir teniendo esperanza.

El particular Vía Crucis sentimental de mi amigo prosiguió su curso implacable. Mientras, íbamos haciéndonos mayores, pero su sensibilidad se forjaba en un plano distinto a la realidad. Él andaba perdido en sucesivas y dominicales *razzias* a los Encantes de San Antonio, en busca de un material con el que aumentar su ya voluminoso archivo B.B. Se sintió un triunfador nato cuando, a la vorágine de fotos, pósters y revistas o libros, pudo añadir dos versiones en disco de la famosa canción dedicada a la Bardot en los años sesenta. Todo su tiempo libre parecía estar dedicado a ella. Conforme nos hacíamos mayores Víctor se convertía en un cinéfilo contumaz. Aunque nuestra amistad no era ya tan íntima, recuerdo que pensé que quizá aquel interés suyo por el mundo del cine, absorbente y fetichista como todo lo que él hacía, le abriese horizontes, enriqueciendo incluso su capacidad para mitificar actrices. Todo sería válido, en último extremo, si se olvidaba del asunto B.B. Y tuve esperanzas de ello cuando un día que estuve en su casa, mientras me mostraba revistas y libros sobre cine, no sobre B.B., me comentó que, de hecho, la Bardot no era «*ni mucho menos una gran actriz*». Eso dijo. Me tranquilizó, como digo, esa súbita toma de distancia respecto a su adorada, aunque por un momento temí que la sustituyera por toda esa parafernalia de divas de los años gloriosos del cine en blanco y negro. Me mostró, entusiasmado, fotos de Susan Foster, Veronica Lake, Nan Grey, Marlene Dietrich, Madeleine Carroll y una Joan Bennett a quien Víctor parecía rendir especial pleitesía. Aquello, aunado a comentarios como el de la dudosa calidad interpretativa de B.B., me hizo pensar que su pasión por la Bardot empezaba a ser algo pasajero, anecdótico y entrañable. Pero sufrí un espejismo, como cuando años después, siendo ya mayores, Víctor me comentó de nuevo que B.B. era una mediocre actriz, citándome incluso sus películas rodadas con Godard y con Louis Malle. Se trataba únicamente de una sutil tapadera para ocultar, o por lo menos desdramatizar ante mis ojos, su pasión por B.B. Eso, aun de manera muy vaga e imprecisa, creo que lo supe ya aquel día, cuando salí de su casa tras haber visto lo más selecto de su colección de postales de actrices. De pronto caí en la cuenta de que no había ninguna morena. Ni una sola. Todas eran rubias, o lo eran en el momento en que les hicieron esas fotos. En el improvisado elenco de musas que me enseñó, nervioso y como queriendo demostrarme que también era capaz de apreciar belleza y sensualidad en otras mujeres que no fuesen la Bardot, no estaban, por ejemplo, Mirna Loy, Ivonne de Carlo, Liz Taylor, Gina Lollobrígida, Merle Oberon, Claudia Cardinale o Nathalie Wood. Por no estar no estaban ni esas dos diosas del sexo que eran Rita Hayworth y Ava Gardner. Por no estar no estaba ni la diosa de las diosas, Greta Garbo. Algo fallaba. Las musas femeninas de Víctor seguían siendo rubias, y eso, aun a un nivel inconsciente, lo consideré nocivo para una posterior «curación» en aquella especie de enfermedad que le corroía por culpa de B.B.

En un breve lapso de tiempo, y para confirmar mis sospechas, Víctor se lanzó a la caza de la rubia ideal. Viví de lejos ese proceso, pero no obstante supe del mismo con bastante detalle, ya que el propio Víctor se complacía en ponerme al corriente de su evolución y pormenores. Así, entre los trece y los diecisiete años, aunque parezca sorprendente, le conocí prendado de Kim Novak, enamoramiento que le sobrevino tras asistir a la proyección de *Una vez a la semana*. Luego de Stella Stevens con *El profesor chiflado*. Más tarde Sandra Dee en *Cuando llegue septiembre*. Después la inevitable Sue Lyon en *Lolita*. Posteriormente creo que fue Carroll Baker en *Jean Harlow* la que lo dejó en un estado de semicoma espiritual por espacio de varias semanas, hasta el punto de que, no resistiendo la contemplación de la citada película, fue a ver varias veces otras obras en las que aparecía en papeles secundarios, como *Los insaciables* o *La conquista del Oeste*. Sufrió también una fase de virulenta atracción hacia Virna Lisi tras ver *Cómo matar a la propia esposa*. Después le llegaría el turno a la escultural Ursula Andress de *007 contra el Doctor No*. Finalmente, y ahora pienso que tal vez se tratase de un inevitable giro intelectual de sus apetencias, Víctor también fue de los que padeció el síndrome Jean Seberg luego de ver *Al final de la escapada*.

Todo aquello sucedió de modo lento y rápido a la vez. Juraría que tuvo lugar en un instante prolongado y, simultáneamente, a lo largo de una década. Víctor fue modificando levemente, nunca de modo sustancial, su fascinación animal por las rubias. Todas casi idénticas. Todas o casi todas con lunar incluido en la mejilla, junto a los labios. No me resultó extraño, por otra parte, que no se sintiera atraído por rubias con un ligero toque oligofrénico en sus actitudes, al estilo de Doris Day. Pero sí me pareció siempre algo raro que Víctor no se integrase en el ejército de devotos de Marilyn Monroe. En cierta ocasión, siendo ya mayores, se lo pregunté. Arguyó, muy serio, que Marilyn y B.B. no tenían nada que ver, aunque reconoció que varias de las rubias fatales con las que él se había entusiasmado sí pertenecían a la escuela Marilyn Monroe. «¿*Lo entiendes?*», me preguntaba con voz ansiosa. «*Marilyn Monroe permite que haya otras, muchas como ella. Las ha habido y las habrá en serie, una detrás de otra. La Bardot no. Es ella. Únicamente ella. No puede haber otra Bardot, como no puede haber otra Garbo*», añadió en tono aséptico al referirse a la actriz sueca. Y en cierta ocasión, cuando le inquirí directamente por las causas de su atracción hacia B.B., pese a que Víctor no parecía tenerla estructurada mentalmente, dijo que siempre le había resultado fascinante por su aspecto de escolar traviesa. Luego rió de modo misterioso. Yo insistí: «*Venga, en serio, ¿qué le ves realmente, qué le ves que no tengan otras?*». Recuerdo que el rostro de Víctor adquirió una dimensión de repentina seriedad. Pareció que iba a hablar, pero guardó silencio, como masticando una posible y mesurada respuesta. Al final, cuando yo no esperaba ya una contestación coherente y sincera, dijo algo que entonces no entendí, o me sonó a frase sin sentido, pero que después coloqué en su justo sitio. Recuerdo la mirada ligeramente extraviada de Víctor en la penumbra de su habitación, torpemente tumbados los dos en los almohadones del suelo y consumiendo cigarrillos a marchas forzadas. De pronto entreabrió los labios y, no sin cierta gravedad, murmuró: «*Tiene que ver con aquello de Domingo Sabio*». Reconocí no entender a qué se refería. «*Sí*», añadió él con una sonrisa amplia pero fría, hermética: «*Antes morir que pecar... ¿Ya olvidaste la lección?*» Era verdad, yo tenía medio olvidada la frase, pero al ser pronunciada por Víctor su magnetismo, que en el fondo debía suponer toda la fuerza mágica de la infancia, vino a mí como un huracán. La audición de aquella frase de la que tanto nos burlásemos siendo adolescentes, el recuerdo de la foto de

B.B. pegada a la de Domingo Sabio, frente con frente, boca con boca, iba a desatar un cúmulo de sensaciones que me dejaron pensativo durante un largo rato.

Y siguió nuestra relación, aunque cada vez con menos vigor, supongo que más a causa del carácter introvertido de Víctor que por mi voluntad. Reconozco que siempre hubo algo que me atrajo de la personalidad de Víctor, tal vez esa capacidad suya para construir los andamiajes de mundos invisibles de los que nadie que no fuese como él, y yo nunca lo fui, podía participar realmente. Hicimos juntos el curso preuniversitario pero fuimos a facultades distintas. Él hizo Empresariales y yo Filosofía y Letras, así que fue en ese momento cuando se produjo nuestro distanciamiento. A pesar de ello, por lo menos una vez o dos al año, nos llamábamos para vernos con cualquier excusa. Y en alguna de esas citas aún surgía, a modo de broma puntual y tácita, comprensible sólo por nosotros, su loco amor por B.B. Reconoció, para sorpresa mía, que aún guardaba todo el material acerca de la actriz, *«perfectamente archivado y clasificado por años y películas»*, dijo con algo reverencial en la voz. Seguía siendo el de siempre. Recordamos buenos momentos de nuestra amistad, sobre todo la de los últimos años, no la de los inicios del Bachiller. Sin ir más lejos, nunca recuerdo haberle mencionado la impresión que me produjo aquel episodio del cine Loreto. Creo que si para Benitillo fue una demostración más de las muchas y diarias que daba de su incipiente hombría, aquella tarde, en el Loreto, Víctor se hizo hombre de un golpe. Y yo, con él, a través de lo que él me contó y sobre todo cómo me lo contó, de rebote. Supongo que Víctor se hizo hombre en el Loreto porque, de pronto, su sensibilidad fue la de un hombre. Quizá de un hombre equivocado, pero hombre a fin de cuentas. Se enamoró de verdad, aunque el objeto de su deseo y su pasión fuesen algo inalcanzable. En cuanto a mí, imagino que, de un modo u otro, me hizo entender que la vida era eso y no otra cosa, algo que divide a los hombres en dos grandes grupos: los que reaccionan como reaccionó Benitillo aquella tarde en el cine Loreto y los que, en idéntica situación, son incapaces de evitar el llanto.

Lo peculiar del caso es que, ya en citas posteriores, y lo mismo cuando éramos adolescentes, si salía el tema B.B. Víctor jamás aludía a nada que tuviese que ver con lo sexual. Si yo se lo insinuaba de modo explícito, entonces él ponía cara de entender la indirecta, pero no pasaba de ahí. Su mutismo era absoluto, aunque yo mismo, en diversas ocasiones, principalmente durante la adolescencia, estuve tentado de pedirle prestado el material más provocador que tuviese de B.B., que sin duda debía tener. Pero nunca me atreví. Siempre dudé si dicho material sería utilizado por Víctor para fines puramente onanistas. Tan pronto daba por supuesto que sí, que sería una estupidez íntegra no hacerlo, como albergaba todo tipo de reservas al respecto. Entonces me parecía perfectamente posible que Víctor utilizase otros materiales para procurarse placer, pero no el de B.B. Ella, como él mismo me advirtiese en una ocasión, tenía que ver con otras coordenadas de la sensibilidad y acaso también del sexo, pero todo eso nunca llegué a entenderlo. Pertenecía a mi bagaje de suposiciones respecto a Víctor. Lo único que sé es que poco antes de tomar rumbos universitarios distintos, en una época en que eran frecuentes los guateques y las fiestas con chicas, Víctor participaba en las mismas, sí, pero no se integraba. Y ello a pesar de ser bien parecido y uno de los puntos de mira inmediatos de las chicas a las que conocíamos. Alguna vez, en tales fiestas, le vi medio liado con varias de esas chicas, pero solía acabar hablando de cine con ellas. Ya entre nosotros, no sólo entre él y yo sino entre los chavales que organizábamos las fiestas, cuando se hablaba de mujeres Víctor acostumbraba a observarnos con mirada de profesor de latín. Si la conversación pasaba a mayores, siempre sin salirse de las fronteras del sexo, entonces ponía lo que se entiende por cara de póker. Participando con su atención, pero sin intervenir. Igual de silencioso que una piedra, como si estuviese por encima de las cosas y, sobre todo, de la carne. Mientras en mi lista de ligues o de enamoradas iban cayendo Isabel, Mari Carmen, Gloria, Esther, Libia, Genoveva y la lógica retahíla de nombres, rostros y cuerpos que conforman la vida sentimental de un joven, Víctor aseguraba tener una «especie de novia en Begur», lugar de la costa a donde solía ir a veranear con sus padres, «pero nada serio», aseguraba él entre bromas al referirse a esa «especie de novia» a la que jamás llegué a conocer. Lo serio, supuse siempre, seguía siendo su enfermizo interés por el cine y las heroínas que emanaban del mismo, que se reciclaban o se metamorfoseaban cada cierto tiempo para encandilar, sobre todo, a los seres como

Víctor, cuya sensibilidad tal vez fuese mayor de la normal, y por lo tanto también su necesidad de afecto. Seres, en cualquier caso, especialmente vulnerables.

Mi verdadera sorpresa, aunque tratándose de Víctor por fuerza tenía que ser sólo relativa, se produjo en una de esas llamadas telefónicas improvisadas, luego de una larga temporada sin vernos. Por lo menos habían transcurrido dos años. Víctor se había casado y tenía una niña. Nos vimos y me mostró fotos de su esposa y de la cría. Su mujer era rubia. Él, enmarcó pícaramente las cejas cuando hice hincapié en el detalle. Pero volvió a pasar tiempo, cada vez más tiempo. Y de nuevo la invariable sensación de que los días, las semanas, los meses, los años, todo volaba. Otra de esas llamadas, en cambio, me causó una sorpresa desagradable. Parecía un cuento de hadas, o tal vez cotidiano y real, pero era cierto. Víctor tenía ya tres niñas y, aunque no parecía muy dispuesto a darme explicaciones acerca de su vida familiar, se le veía conforme con ella. Volvimos a vernos, pero en esta ocasión fue porque yo lo propuse e insistí bastante, lo cual acabó por ponerme en una situación incómoda. Le vi algo envejecido, aunque con sus rasgos psicológicos de siempre. No me atreví a pedirle que me dejase ver fotos de las niñas, caso de que las llevara encima, porque si me hubiese enfrentado a tres criaturas rubias, me habría visto obligado a hacerle la típica broma a costa de B.B., y ambos íbamos ya para los cuarenta años. Aquello me pareció completamente fuera de lugar. Supuse, quise suponer que la edad, su esposa y las niñas, a las que imaginaba con los cabellos rubios como el sol, le habrían curado de espantos, de un lado, y liberado del síndrome de la rubia fatal, de otro. Cuatro rubias en casa, asediándole a uno a cada instante, eran demasiado incluso para Víctor Ruiz. Desde aquella última cita hasta hoy han transcurrido casi cuatro años. En medio, tan sólo un par de llamadas telefónicas y, de cara a vernos, impedimentos que surgían sobre la marcha. Puedo decir que la única conexión entre Víctor y yo se reducía a esa compañera de su trabajo a la que, por motivos que no vienen al caso, yo veía de vez en cuando. Como dije al principio fue ella la que me puso al corriente del hecho que, referente a Víctor, después del episodio del cine Loreto y con treinta años de separación, volvió a conmoverme de modo instantáneo. Pero me doy cuenta de que, para relatarlo adecuadamente, por fuerza debo imaginar la escena, con toda su carga de crudeza o de ternura, como se prefiera, pero en cualquier caso lo más fríamente posible. Describir esa escena, por ejemplo, como si se tratase de una película francesa de los años sesenta. De tal modo voy a intentarlo, pues temo que los juicios de valor estén de más, y si en algún momento los hago, que sea luego de haberlo contado:

Sus compañeros de trabajo han estado preparándolo durante toda la semana. Posiblemente desde bastante tiempo antes. La esposa de Víctor y las niñas se han ido a pasar esos primeros días de las vacaciones escolares al apartamento que desde hace varios años tienen en Reus. La copia de la llave del piso la tiene un compañero del trabajo de Víctor. En alguna ocasión le pidió las llaves, apurado y siempre en época de vacaciones, para llevar allí a alguna chica. Finalmente fue el propio Víctor quien, meses atrás, le dijo que sacara una copia. Ha de ser una gran sorpresa. No siempre se cumplen cuarenta años. Víctor Ruiz iba a cumplirlos ahora, pero seguía siendo una especie de niño grande, tímido y bastante calvo, con kilos de más, cariñoso a ratos y como ausente otros, pero sus compañeros de la empresa, al menos algunos de ellos, le profesan verdadero afecto. Le han comprado un regalo. Pero el auténtico regalo, la sorpresa, va a ser lo otro. Tarta incluida, con sus cuarenta velitas y sus llamas. Se azorará bastante, aunque da igual. Le abuchearán si no las apaga de un soplido. Es un bromista nato, y por tanto se merece una pequeña broma. Todos le respetan y les parece adecuado el plan. Han hecho de policías durante varios días. Con discreción, con eficiencia, ilusionados como niños. Lo tienen todo bien atado. No pueden delatarse. No pueden fallar. Conocen cuáles van a ser sus movimientos esa tarde. Para algunos va a ser la primera chiquillada de verdad que cometen en mucho tiempo.

Y ahí están, catorce personas, incluido el jefe de personal de la empresa, que aceptó a regañadientes participar en la operación. Agapazados, chistándose unos a otros, apiñados en la oscuridad, aguardando el momento. Por fin oyen ruido. El ascensor. Es él. Empiezan a susurrarse consignas en voz baja. Pasos, una puerta. Se oye la cadena del inodoro y luego un ruido como de sillas moviéndose. Varios compañeros del trabajo se ríen por lo bajo y son rápidamente silenciados por los otros.

Transcurren algunos minutos, cinco por lo menos. Las velitas no acaban de encenderse. Hay mecheros por todos lados. Entonces oyen una música lejana. «Es Sylvie Vartan», dice alguien. Víctor siempre ha sido un enamorado de todo lo francés. Aún no se deciden. Fallan tan sólo unas pocas velas, pero los ruidos del salón prosiguen, uno tras otro, inquietándolos por momentos. El jefe de personal insinúa algo que otros ya han pensado. «¿Y si no es él?». Peor aún: «¿No estarán robando?». Se miran sorprendidos. Lo que se oye son muebles. Como si los arrastrasen. Luego empieza una especie de vibración. Es una máquina, un motor, sin duda. Apenas se percibe, amortiguada por los tabiques. Ya se han encendido las velitas de la tarta. Una proeza. El compañero que sostiene el pastel hace verdaderos equilibrios con los brazos para moverse lo menos posible. Por enésima vez se conminan a permanecer en absoluto silencio. Sus corazones se aceleran, pero Víctor, tras los tabiques, no oye esa danza de latidos entrecruzados. El manojo de cuerpos abre una puerta y camina casi a tientas por un estrecho pasillo. Les ilumina el resplandor de las cuarenta velitas y la ilusión de la broma. Llegan a una puerta acristalada y la abren con decisión. El salón está en penumbra y alguien da al interruptor de la luz.

—¡Feliz cumpleaños, carrozón! —grita el jefe de personal, que parece haber asumido a la perfección el papel de maestro de ceremonias, un papel que, por otra parte, nadie le ha asignado.

El que lleva la tarta se para en seco interrumpiendo la marcha del resto del grupo, que viene tras él en tropel.

—¡Por ser un muchacho excelente, por ser un muchacho excelente, por ser un...!— empieza a canturrear una compañera desde la parte posterior del grupo, pero su cántico entusiasta queda bruscamente interrumpido cuando, por encima del hombre que va delante suyo, mira en dirección al salón.

Se han quedado como estatuas. Durante varios segundos sólo se oye el zumbido del motorcillo y la música. En efecto, en el tocadiscos Silvie Vartan canta *La más bella del baile* con voz gangosa y afectada. Nadie reacciona. Permanecen literalmente clavados sobre el *parket* del piso de Víctor Ruiz, coordinador del área de *marketing* de la empresa y, ellos ya lo sabían, amante de todo lo francés. Un tipo a veces raro, pero responsable, de fiar. La amiga que me lo contó se detuvo varias veces antes de detallarme la escena. Y si finalmente lo hizo fue porque yo insistí un buen rato, demostrándole que mi amistad con Víctor era total y que se remontaba a nuestra infancia. Tras vacilar unos momentos y taparse la cara, incapaz de proseguir con el relato, por fin conseguí que me lo acabase de explicar. Y lo hizo con relativa frialdad, yo diría que casi de modo aséptico, como quizá sólo una mujer podría hacerlo, sin añadir consideraciones de índole personal, sin el más mínimo atisbo de apreciación subjetiva en sus palabras:

Víctor Ruiz estaba tumbado de espaldas, sobre la alfombra, con las piernas apoyadas en el sofá, hacia arriba. Llevaba puesta una peluca rubia de bucles que le caía por los hombros de forma desordenada. Les costó un poco reconocerlo, detrás de la capa de rimel en los ojos, el maquillaje en los pómulos y el carmín en los labios. De cualquier modo su acicalamiento, según esta amiga, era harto aparatoso. «Desafortunado», dijo. Pero había más. En la pantalla de la televisión estaba proyectándose una película. Era el vídeo de uno de esos films de B.B. de la primera época. Sin voz. Él la miraba de reojo, desde el suelo. Víctor tuvo que verlos al revés, y parece que tardó bastante en reaccionar. Llevaba zapatos de mujer, con altísimos tacones, medias negras y liguero. También un sujetador negro. Un collar de perlas se enredaba en su cuello de manera caprichosa. El liguero era de color rojo. Otra especie de collar con colores vivos aparecía sujeto a uno de sus tobillos. Según explicó mi amiga, sus piernas estaban en posición casi vertical, hacia arriba, y tenía una gruesa zanahoria introducida en el ano. Al menos a ella le resultó enorme, y parecía untada en algo viscoso y transparente. Atado con un hilo a la lámpara de pie que estaba junto a él, colgaba un plátano, también de considerables proporciones, ondulando frente a su rostro emperifollado y moviéndose como por inercia de un lado a otro. En la punta del pene erecto, Víctor se había colocado un cilindro de cartón de los que tienen los rollos de papel higiénico. Mediante la difícil y acrobática postura de su cuerpo, nalgas apoyadas en el borde del sofá y pantorrillas en dirección al techo, pretendía alcanzar el cilindro con la cabeza, como para rodear el extremo del cartón con sus labios. La intención última debía ser tragarse su propio semen cuando eyaculase. Los testículos permanecían comprimidos en un tubo de varios centímetros de diámetro, que iba a dar, unos dos o tres metros más allá de su cuerpo, a una aspiradora en funcionamiento. Ese era el ruido que oían desde detrás de los tabiques. El murmullo parecía suave, eléctrico, y con toda seguridad produciría un efecto de débil pero permanente succión en esa zona de su cuerpo travestido. Debía causarle sensación de cosquilleo. Al parecer, con una mano accionaba la zanahoria y con la otra, de tanto en tanto, se llevaba el plátano a la boca, atrayéndolo hacia sí mediante la ondulación del hilo. Cerca de su cabeza, sobre la alfombra, había varios lápices de punta afiladísima con los que, según mi amiga, Víctor debía clavarse ligeramente en diversas partes del cuerpo, pues incluso creyó ver algunas señales de ello en los pezones y en el vientre. Un poco más allá, pero también sobre la alfombra y al alcance de su mano, había una tarrina de mantequilla y una taza de café con algo adentro. Algo «blancuzco y traslúcido», añadió. Y un azucarero. Imaginé que lo del interior de la taza era esperma de una reciente e inicial masturbación, o quién sabe si efectuada el día anterior. Por todo el salón, y como si presenciasen el espectáculo, había animalitos de peluche. Dos perros, un conejo, tres ositos, un gato y un pingüino. También un pequeño hipopótamo y algo que podría ser un cervatillo. Eran los testigos de excepción de aquella función privada, de aquel ritual. También en eso, el amor hacia los animales, emulaba a su actriz favorita.

La voz de Silvie Vartan, indiferente y gutural, seguía cantando *La más bella del baile*. Parece que fue Víctor el primero que se movió, pues el grupo continuaba como petrificado y sin exteriorizar comentario alguno. Se irguió lentamente pero con decisión. Extrajo la zanahoria de su culo y, con movimientos torpes, adoptó una postura que pretendía ser natural, de dignidad. Entonces, según mi amiga, se produjo lo más patético de aquella inesperada y ya de por sí violentísima situación. Como si eso fuera lo único que le preocupase, Víctor se quitó bruscamente la peluca y pretendió esconderla, ocultándola con el cuerpo. Con una mano hizo un ademán para taparse el lunar que se había pintado junto a los labios, pero desistió instantáneamente. Suspiró como para decir algo y luego, pausadamente, sus ojos se desviaron hacia el suelo mientras en sus mejillas parecía fraguarse un feroz combate entre el rubor de la vergüenza y la palidez de la angustia. Posiblemente venciera ésta última.

Alguien, con voz entrecortada, dijo que era mejor que se fuesen. El de la tarta la apoyó en un mueble, llevándose luego las manos a los bolsillos. Uno a uno fueron pasando frente a él sin mirarle, caminando con sigilo, casi sin respirar. Mi amiga, muda a causa de la impresión, intentó sonreír o decir algo, pero no pudo. Fue entonces cuando se fijó en el lunar postizo. Y ahí se quedó él, como un muñeco de cera a tamaño natural, aún con el tubo de la aspiradora, de ronroneo sordo y constante, amorosamente aferrado a sus genitales como una cría hambrienta a las ubres de su madre. Sus brazos permanecieron alicaídos, entregados por completo, y su pene quedó al aire, pues el cilindro de cartón había rodado por el suelo al disminuir súbitamente el volúmen de aquél.

Recuerdo que lo primero en que pensé, aún aturdido, fue en el lunar que Víctor se había pintado. Brigitte Bardot no tuvo nunca ningún lunar junto a los labios, y era en eso, precisamente en ese detalle insignificante para quienes presenciaron la escena pero de vital importancia para mí, en donde se establecía la diferencia. En tal detalle había querido Víctor imprimir un rasgo de distinción, de desapego, respecto de su amor imposible. También fue entonces, aunque nunca llegué a saber si la película que estaba viendo en aquél momento era *Mi adorable idiota*, pese a que es probable que así fuera, cuando recapacité en torno al significado del término «idiota». Me pareció una paradoja, pero ahí estaba para darme una explicación, aunque precaria, de todo aquello. La palabra *idiotés* provenía del griego, y era un término de origen político-social usado para designar a aquellos individuos que pese a estar insertos en ella, no se sienten encuadrados en la comunidad humana, en el Estado, sino que, en cierto sentido, se mueven a su antojo, al margen de las normas convencionales. Víctor, que duda cabe, era un *idiotés* sin remedio. Siempre lo fue.

Creo que fue al poco tiempo, tras reponerme de la impresión que me produjo oír dicho relato contado por una testigo directa, quien de paso me confirmó que Víctor pidió la baja de la empresa por teléfono al día siguiente y, según creía ella, se fue a vivir con su familia a un lugar de la costa, posiblemente Reus, fue entonces, digo, cuando por fin logré comprender, treinta años después de aquella aventura en el cine Loreto, que la mutación de Víctor Ruiz por fuerza tuvo que producirse a lo largo de su adolescencia, aunque el estallido inicial fuese en la mencionada y furtiva sesión cinematográfica, o tal vez aún antes, durante las innumerables horas de soledad y carencias. Personalmente pienso que esa mutación, ese cambio, se produjo afectando no sólo a sus fantasías sexuales, lo que evidentemente también sucedió sino sobre todo a su universo sentimental, al laberinto anímico de su existencia. Me niego a creer que la de Víctor Ruiz fuese un caso más de perversión sexual en cualquiera de sus múltiples variantes. No, había mucho más. Él no deseaba a B.B. Ni siquiera parecerse a B.B. Él, pese a ese lunar puesto ahí para fortalecer su propia identidad, quería ser B.B.

Y en cierto sentido tengo el convencimiento de que, al menos por una vez en su vida, justo en ese instante sublime y atroz a un tiempo en el que, todavía con la peluca rubia sobre su cabeza y antes de declararse descubierto, vencido para siempre, mientras encaraba con la mirada al grupo de personas que lo contemplaban estupefactas, lo fue.

LAS PERVERSAS
DE LUTO Y CON CANDELABRO

LUIS GASCA

ÉRASE una noche oscura y tormentosa», tecleaba Snoopy en su máquina de escribir, en cuclillas sobre el tejado de su caseta blanca y roja. Y como fondo sonoro, todos los truenos y relámpagos de la Univeral. En una noche similar, Bud Abbott y Lou Costello, que eran nuestros gordo y flaco de la posguerra, nuestros Pompoff y Teddy de los sábados por la tarde, nuestros Pepinillo y Garbancito o, si se quiere, nuestros Pinocho y Chapete de las aventuras imposibles, llegaban a la mansión tenebrosa de *Agárrame ese fantasma*. ¿O todo sucedió en *El fantasma huye*? No importa, el cine es ya pura anécdota. Como todas las mansiones tenebrosas de la Universal, y esto lo sabríamos mucho después, se trataba del castillo del Doctor Frankenstein, que lo mismo servía para tumba del Conde Drácula como para refugio secreto del Hombre Invisible o de Harry, el licántropo. Abbott y Costello se refugiaban de la intensa lluvia ante el inmenso portalón que daba acceso al castillo y antes de que les diese tiempo para sonar la aldaba, la puerta se abría con escalofriantes chirridos. Y en el dintel, una sombra definía sus contornos, hasta que las luces temblonas de su candelabro iluminaban por un momento sus rasgos, de abajo arriba, acentuando las sombras y los pómulos salientes. Era una mujer madura, de negro pelo peinado con moño y rostro impenetrable. Lou Costello le preguntaba tembloroso: «Oiga, ¿no trabajaba usted en *Rebeca*?».

Judith Anderson crea con su caracterización antológica de *Rebeca* el prototipo de amas de llaves, en contraposición con el mayordomo asesino y anticipando una cierta liberación del servicio doméstico. El *private joke* de Lou Costello no hacía por tanto sino dar la medida de una imagen popular, cuya presencia se presentía en cuanto la pareja de cómicos, o posteriormente Bob Hope, o Dean Martin y Jerry Lewis en sus primeras películas, llegaban al castillo de los misterios.

El cine dentro del cine brindaba así un merecido homenaje a la madre política de la *maîtresse*, fémina ignorada por el cine de la época, a la mujer inquietante, hetaira de las noches de terror. Margaret Hamilton, la malvada bruja del Oeste, hubiese sido una aceptable ama de llaves. Pero Alfred Hitchcock eligió para alimentar las pesadillas de Joan Fontaine a otra mujer singular.

Alfred Hitchcock tiene la virtud, entre algunas otras, de crear estereotipos tan definidos y acusados, que se adhieren como una piel a sus intérpretes, incapaces de hacer perdonar esa personalidad cinematográfica que Hitchcock les prestó un día. Anthony Perkins será siempre el Norman Bates sicópata disfrazado de ancianita en *Psicosis*, como Joseph Cotten nunca logró liberarse de su aire del tío Harry, asesino de señoras maduras al compás de *La viuda alegre*.

A Judith Anderson le pasó algo parecido. Su señora Danvers (a las amas de llaves se les antepone el tratamiento de «Mrs.», «señoras», en contraposición al «Evelyn» a secas con que los amos se dirigen a las doncellas y camareras) en *Rebeca* le confirió un tono inquietante en todas las películas de su filmografía, en *Alma rebelde, Laura, Salomé* o *Los diez mandamientos*, donde su aroma de vicio y perdición siempre flotaba en el aire. Las amas de llaves cinematográficas, aunque no cronológicamente, sí artísticamente, nacen por tanto en *Rebeca*, con el rostro de Judith Anderson.

Un ama de llaves en el celuloide es siempre una chica mala, una *bad girl* de la que todo puede esperarse. Viste de negro, un cierto luto por amor del señorito por cuyos verdes ojos entró de camarera hace 30 años. La devoción de la señora Danvers se desviaba hacia Rebeca de Winter, la primera esposa de Laurence Olivier, decidiendo consagrarle con unción religiosa y fetichista su vida de sierva. Pero el resto de las amas de llaves mantienen su tradición de fidelidad al señorito en todas las películas, hasta que muchos años después y con la incorporación al cine italiano de Barbara Steele, se permita a las austeras chicas de negro otras inconfesables debilidades. Sólo con Barbara Steele el ama de llaves pasará de sus sueños inconfesables a vivir carnalmente el amor, siempre fugaz, en brazos del señorito recién llegado de la Universidad, del palafrenero que tiene en el pueblo novia rolliza y con trenzas, o del jardinero. A los visitantes, aunque lleguen desde Londres, les falta el desgarro canalla de sus convecinos y por tanto sus relaciones serán siempre dominantes por parte del ama de llaves, fugaces y con final sangriento.

La perfecta ama de llaves del cine en blanco y negro peina sus cabellos con raya en medio, el pelo muy tirante, coronado por un severo moño o una trenza en forma de ensaimada mallorquina. Nunca va a la peluquería, por tanto no se ha cortado el pelo desde que entró a servir en el castillo y por la mañana, cuando se peina despaciosamente en la soledad de su habitación, los largos cabellos sueltos le darán seguramente una falsa apariencia juvenil. Porque las amas de llaves son solteras, pero maduras, agriadas por amores no correspondidos. Sólo esperan el momento adecuado para envenenar a Milady o incendiar el castillo, con la vana esperanza de que entonces el señorito se casará con ellas, ignorantes las pobres de que el señorito mantiene una secreta pasión por Julie, la niñera irlandesa, o en el mejor de los casos, por Rosalind, prima hermana de la protagonista y que luce a la hora de cenar sabrosos escotes que nada bueno presagian.

Ignorante de que sólo es la mano del destino, el ama de llaves jamás se descota ni en camisa de dormir. Viste siempre su uniforme negro, sólo aliviado por la tirilla blanca en el borde del cuello, cerrada por un camafeo de cristal de roca, regalo secreto del señorito. El camafeo es naturalmente falso y el señorito lo ganó en el tiro *flower* de las ferias del pueblo, para Saint-Eustace, que viene a ser el San Roque del Bajo Aragón, pero en la campiña inglesa.

Físicamente define al ama de llaves la sombra del bigotillo que ensombrece ligeramente su labio superior. Nunca se trata de un declarado bigote rebelde como el que lucía con garbo Pier Angeli en sus primeras películas adolescentes. Es simplemente un bigotillo severo que no hace sino acentuar la severidad del conjunto y dar mayor empaque a la figura, siempre enhiesta e impecable, del ama de llaves, una chica mala incapaz de permitir que una mota de caspa alegre la severidad de sus enlutadas espaldas. Durante todo el día espera, atisbando por los visillos de la biblioteca, la llegada de los visitantes, para abrirles la puerta en el momento oportuno, justo antes de que suenen los golpes en ella. En el bolsillo de su delantal de seda negra, bolsa canguro y maternal donde guarda no sólo las llaves del dormitorio de la difunta, sino también las del panel secreto que comunica con el cuarto del señorito y las herrumbrosas llaves de las mazmorras, suele llevar siempre una caja de cerillas. De esta forma, en cuanto los visitantes abandonan su carruaje e inician la ascensión de las escaleras que les conducen a la puerta principal, el ama de llaves enciende las ocho velas del candelabro, lo empuña con mano firme y se prepara a iniciar el rito de la recepción, al que seguirán otros rituales no menos sabrosos, tales como aparecer imprevistamente de madrugada detrás de los cortinones de terciopelo granate, entrar silenciosamente en las habitaciones («Sólo quería saber si la señora deseaba algo, no fue mi intención asustarla») e iluminar con el candelabro el retrato de la difunta.

Agnes Moorehead en sus años juveniles fue ama de llaves inquietante, con un perfil judaico nunca tan acusado como el de la Anderson. Se había iniciado como la madre del protagonista en *Ciudadano Kane* y como tía en *El cuarto mandamiento*, anticipando una galería de genéricas que culminaría en la criada, o sea, ama de llaves venida a menos, de *Canción de cuna para un cadáver*. Siempre fue chica mala que debía ser mirada con prevención, y uno recuerda especialmente su inquietante aparición en *El gran pecador*. Con los años, ennobleció su imagen y se dedicó a la formación en artes de encantamiento de su hija Samantha en la serie *Embrujada*, donde encarnaba a Endora, bruja de postín con todos los pronunciamientos favorables.

En los años cuarenta Gale Sondergaard se ganó a pulso una justa fama de ama de llaves sumamente malvada. Tenía además un apellido danés o de vagas resonancias balcánicas y por tanto muy exótico. La Sondergaard fue además mujer araña en dos ocasiones y siempre rebosante de las peores intenciones. A Brenda Joyce le sacaba la sangre con una jeringuilla en *Spider Woman Strikes Back*, noche tras noche, para conseguir así suficientes cantidades de hemoglobina que le permitiesen alimentar a sus plantas carnívoras. Tenía en dicha película nombre de elefante de Laurel y Hardy, ya que se llamaba Zenobia Dollard y aparentaba ser ciega para cometer impunemente sus barbaridades. Tenía también un criado corcovado y fiel, que le ayudaba en sus experimentos. Gale Sondergaard, ama de llaves de la vieja escuela, inició una variante del tipo en *El gato y el canario*, donde encarnó a Miss Lou, ama de llaves espiritista que traía de cabeza a un grupo de herederos atemorizados. Durante toda la película exhibía con descoco un collar de oro y una pulsera maciza, rompiendo los moldes del vestuario habitual de su gremio e iniciando la *Women's Lib* de las amas de llaves, condenadas, como los serenos, a desaparecer con la sociedad de consumo.

Lola Gaos, que fue a servir de sombra enlutada de *Anabel* a las órdenes de Pedro Olea, nos dio la justa medida del ama de llaves nacional con su composición de la Saturna en *Tristana*. Luis Buñuel le permitió además en esta película el ceremonial de la jícara de chocolate. Pero fue una excepción, precedida poco antes por las amas de llaves que interpretaría Helga Line en varias coproducciones con Italia. En *Horror*, vagamente inspirada en Poe, fue Eleonor, un ama de llaves joven e inquietante, pero donde culminaron sus barbaridades fue en el papel de Solange en *Gli amanti d'oltretomba*. Solange era una anciana ama de llaves, casi centenaria, que lograba recobrar la perdida juventud por medio de transfusiones de sangre de jóvenes doncellas, lo que proporcionaba grandes sustos a Barbara Steele, la musa inolvidable de los años sesenta. Un día, falta de sueros y transfusiones, Solange se arrugaba y encogía hasta convertirse en una momia. Mientras tanto, el fantasma de Barbara Steele se adueñaba del castillo maldito, luciendo el secreto oculto tras su melena a lo Veronica Lake: un ojo derretido, uno de esos ojos que, como un huevo frito, abundan en el cine de terror.

La vieja tradición de Judith Anderson y su escuela, sublimada por los goznes de puertas chirriantes y el candelabro, esta vez con colgantes telas de araña entre vela y vela, sólo pudo encontrarse posteriormente en el cine mexicano. Begoña Palacios solía encarnar a Frau Hildegarda en las series de *El Santo* y en los films vampíricos de Miguel Morayta. Sádica virago con fusta en la mano, exiliada de su Alemania natal al cerrarse en dicho país los campos de concentración, encontró nuevo empleo como ama de llaves en el castillo del Conde Frankenhausen de los

Estudios Churubusco, donde se citaron durante muchos años personajes como Cagliostro, Santo el enmascarado de plata, Blue Demon, Mil Máscaras, la dulce Inés la hechizada y otros monstruos de menor entidad dispuestos a dejarse torturar por la mañosa Hildegarda.

EL SÍ DE LA NIÑA

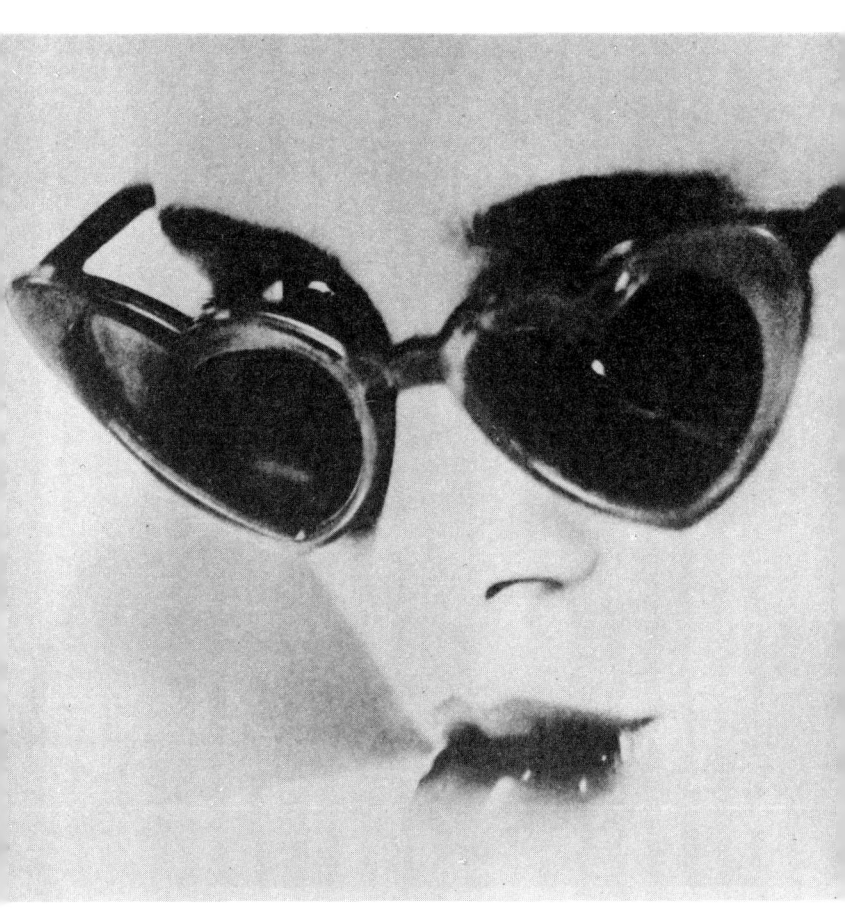

JOSÉ LUIS GUARNER

F UE Lita Grey la primera Lolita del cine? Tal vez. Pero no cabe la menor duda de que fue la primera Lillita. Los anales —no busquen ninguna connotación obscena en esta palabra, por favor— registran que Lillita McMurray atrajo por primera vez la atención de Charlie Chaplin en 1914. Tenía entonces seis años —Lillita, no Chaplin—. A los doce, Charlie le dio a Lillita un papel en *El chico*, un angelito picarón que revolotea con infantil pero perversa coquetería por un paraíso soñado, que no tarda en devenir pandemónium, durante una secuencia onírica que J. M. Barrie juzgó «un error»: el autor de *Peter Pan* no dio ahí la talla.

Cuatro años y cuatro películas después —incluyendo la admirable *Una mujer de París*, su primera película dramática y su primer fracaso público en público—, Chaplin otorgó a su pequeña protegida el rol estelar de *La quimera del oro* y se aplicó con ahínco a su seducción, finalmente consumada en el suelo del baño de vapor instalado en su residencia. Meses después, hubo que interrumpir el rodaje, al experimentar Lita, casi Lolita, las primeras molestias del embarazo. Al no poder convencerla de que abortase, Chaplin tuvo que sustituirla por Georgia Hale. Y al no conseguir persuadirla, con un regalo de 20.000 dólares, de que se casara con otro, la amenaza de un escándalo le obligó a convertirla en la segunda señora Chaplin en noviembre de 1924. Lita/Lolita tenía entonces 16 años —la misma edad que Mildred Harris, seducida a los 14, al convertirse en la primera señora Chaplin en octubre de 1918. El feliz consorte en segundas nupcias tenía 35. Lita se erigiría luego en la feroz Jantipa del nada socrático Chaplin, pero esa parte de la historia ya no nos interesa, como no sea para recordar que toda Lolita es efímera.

¿Se dio cuenta Vladimir Nabokov, no por nada autor de *Camera Obscura*, de que el angelito revoltoso de *El chico* no sólo tenía sexo, sino que más que un diablillo era una niña? ¿Supo el escritor de la inclinación de Chaplin a las amantes-esposas-niñas? ¿Sería Lillita la que le inspiró el nombre de Lolita? El caso es que en su notoria, magistral novela *Lolita* inventó Nabokov algo más que un nombre propio; como escribió Guillermo Cabrera Infante, Lolita se ha vuelto el nombre impropio para señalar a esas niñas deseables, deseosas, como alicias que se ven en un espejo adulto desde temprano. Lolita es el paradigma perfecto de lo que Humbert Humbert, el dudoso pero ejemplar héroe de Nabokov, llama *nymphet*, palabra de precaria versión castellana: ¿ninfa pequeña, ninfita, ninfeta, nínfula? Pero oigamos a Humbert, que para algo es un conocedor: «Entre el límite de las edades entre los nueve y los catorce años, se dan doncellas que a ciertos viajeros cautivados, dos veces más viejos que ellas o más, revelan su verdadera naturaleza que no es humana, sino nínfica (esto es, demoníaca); y yo propongo designar a esas criaturas con el nombre de *nymphets*.»

¿Apreció Stanley Kubrick en Sue Lyon esa «combinación de ingenuidad y doblez, encanto y vulgaridad, sombrío enfurruñamiento y luminoso regocijo» —Humbert Humbert les habla de nuevo— al elegirla como protagonista de la versión cinematográfica de una novela que nadie osaba rodar, que todos creían imposible de filmar? Pese a carecer de particular carisma, Sue constituía, a sus 16 años —una actriz entre los 12 y los 13 años, la edad de Lolita en el libro, era de todo punto imposible, impensable en 1962— una aproximación aceptable. En esa época —ahora, después de *Pretty Baby*, sería otra cosa— no podía Kubrick mostrarla desnuda, como se la imagina un instante el embelesado Humbert Humbert en la cama de la habitación de un hotel que lleva el nombre espléndido de The Enchanted Hunters, dormida por un somnífero, o la ve un segundo, mirándose al espejo, después de su primera noche de amor; tuvo que establecer su presencia erótica por alusión, o insinuación, al proveerla de gafas de sol con montura en forma de corazón y hacerle chupar gozosamente un pirulí, imagen no muy refinada pero feliz que dio la vuelta al mundo. Tampoco podía Kubrick mostrar las relaciones físicas entre el héroe y su *nymphet*, tan sabia, oblicuamente sugeridas por Nabokov; tuvo que inventar escenas como la de Humbert pintándole las uñas de los pies a Lolita, mientras ella bebe su Coca-Cola, un modesto toque de fetichismo que pretende compendiar, de paso, sofisticación europea y *vulgarité* americana. (Pese a tales limitaciones, Nabokov declaró: «Creo que la película es absolutamente de primera fila.» Si eso dijo el escritor, ¿qué puede objetar este cronista?)

Lolita —la película— es memorable, con todo, no por Sue Lyon, sino por James Mason, extraordinaria encarnación de Humbert Humbert. Habría sido no ya divertido sino pertinente confiar el rol a un paidófilo —pedófilo es una palabra de connotación antipática— auténtico. Pero hallarlo entre los paidófilos auténticos del cine era un problema: John Barrymore y su amigo Errol Flynn habían muerto, Howard Hugues vivía recluido, Charles Chaplin era demasiado viejo y Elvis Presley demasiado joven... ¿Sería por sarcasmo que la primera elección de Kubrick para el personaje fuese Noel Coward, un homosexual? La negativa de Coward —menos cobarde de lo que su apellido y su negativa indican— le valió el papel a Mason, que es quien preserva, entre la comicidad y la desesperación, el tono inconfundible, inimitable del texto —con su inolvidable frase inicial: «Lolita, luz del alma, fuego lumbar»— que Nabokov presenta en la no menos admirable primera línea de su falso prefacio como «Lolita, o las confesiones de un viudo blanco.» En el recuento de su pasión solitaria la voz de Mason es tan convincente como la de Humbert Humbert, y con eso queda dicho todo.

Pero es también una pasión culpable. Pues la paidofilia ha sido siempre una mala palabra. En su célebre tratado *Psycopathia sexualis*, Frafft-Ebbing cataloga la *paedophilia erotica*, lisa y llanamente, como una perversión. Y la muy respetable *Encyclopaedia Britannica* describe el término *pedophilia*, que aparece entre *pedology*, disciplina que estudia el suelo, y *Pedralbes* —definida con magnífica concisión *mountain, Spain*, aliteración inglesa que por una vez fotocopia la española montaña, España— como «preferencia o adicción del adulto a la relación sexual con niños.» No sin especificar a continuación de que se considera un considera un delito perseguido por la ley. ¿Qué dirían a eso Dante, enamorado locamente de una Beatriz de doce años, o Petrarca, enamorado locamente de su Laura de nueve?

La civilización judeocristiana convirtió el acto carnal con niños en un tabú. Y el infeliz Humbert, al borde de infringirlo, no puede contener sus remordimientos. «Recuerda que es una niña, recuerda que es una niña», gime para sí, mientras acaricia la idea de poseer, al fin, a su idolatrada Dolores Haze, Dolly Lolita, arrastrado por una pasión ya irrefrenable. Ignora el miserable dos pequeños detalles: primero, que será Lolita quien le seduzca a él; segundo, que ya fue seducida previamente por un compañero de campamento de su misma edad.

Por eso el libro de Nabokov es doblemente transgresor. Porque pone en entredicho la noción de la inocencia sexual de los niños. En eso se le adelantó Freud —a quien Nabokov detestaba— mucho antes, mucho antes también de que el cine alcanzase la mayoría de edad. Y porque quebranta un tabú sacrosanto, que el cine siempre respetó religiosamente. Por algo la primera estrella famosa de la pantalla, Mary Pickford, la Novia de América, seguía interpretando jovencitas núbiles bien pasada la treintena. Por algo también una Norma Shearer de 32 años encarnaba a la apenas adolescente Julieta en la primera versión parlante del drama de Shakespeare, donde su fogosamente juvenil, impulsivo Romeo era Leslie Howard que tenía entonces —oh, Romeo— 42 años cumplidos. Y sólo hasta tres décadas después pudieron los Romeo y Julieta de la pantalla ser interpretados por actores de la misma edad que sus personajes.

A ese tabú demasiado frecuente se debe igualmente la fascinación que las estrellitas infantiles despertaron siempre en la imaginación popular, motor de fantasías colectivas menos heroicas que eróticas. El caso de Shirley Temple, la más notoria niña prodigio de la pantalla, podría ser una típica ilustración. Pues la presunta inocencia de sus películas, como *Wee Willie Winkie* —basada en un cuento de Rudyard Kipling—, donde la heroína es una niña de 9 años en la India colonial de 1890 que le busca marido a su mamá viuda, hace amistad con un rudo sargento, ablanda a un viejo coronel y, *last but not least*, convence a un rebelde hindú para firmar un tratado de paz, era mucho menos inocente de lo que aparentaba. Y Graham Greene, casi al final de sus cuatro temporadas como crítico cinematográfico en *Night and Day* —dirigida por Evelyn Waugh, algo así como una réplica de *The New Yorker*—, escribió una reseña de esa película en 1938, donde aludía irónicamente a la condición de objeto erótico para determinados públicos de su pequeña protagonista. Fue el principio de una verdadera *cause célèbre*. Pues se entendió que Greene acusaba a 20th Century Fox de utilizar a Shirley Temple «con fines inmorales». Y el asunto concluyó con un pleito ante los tribunales, que condenaron a la publicación a pagar 2.000 libras a Miss Temple y 1.500 a la compañía cinematográfica...

Más significativa sería aún, tres décadas después, la carrera de Marisol, una niña cantora malagueña que el público español —atento a lo que ocurría en el exterior pese a la vigilante, férrea censura del interior— hizo no ya una estrella, sino la respuesta de España a Lolita. La insulsez subnormal de las comedietas folletinescas que protagonizaba no conseguía disimular el erotismo espontáneo de su presencia, enseguida advertido por el espectador medio, pronto estimulado por su productor habitual. Y mientras su pubertad era un motivo tácito de interés público, su conversión en símbolo erótico se haría progresivamente deliberada y flagrante desde *Marisol rumbo a Río*, título casi emblemático. Y por poco, andando el tiempo y lejos ya de la adolescencia, no se convirtió en estrella de cine erótico *tout court*: «Hay una dosis considerable de corrupción en su ombligo y de fiebre en su voz», escribió de ella, por ejemplo, no Humbert Humbert, sino Juan Marsé. Y una publicación sensacionalista, al divulgar —en portada y páginas interiores— su desnudez dorada de Tanagra en fotografías tomadas años atrás, provocó una auténtica catarsis nacional, que cabría describir no *post-coitum*, sino post-Franco: el cronista no ha olvidado la imagen casi surrealista en el aeropuerto de Barcelona, una mañana de setiembre de 1976, en la que decenas, docenas, cientos de viajeros —masculinos, por supuesto— circulaban con la revista en cuestión bajo el brazo. Consecuentemente, Marisol, vuelta a su condición natural de Pepa Flores, había renegado de su antigua imagen, había rechazado su utilización como niña-objeto, se había inscrito en el PCE: una nínfula con ínfulas.

El tiempo tiende a poner las cosas en su sitio. Nabokov publicó *Lolita*, con el escándalo consiguiente, en 1955. Y en 1956, *...Y Dios, creó la mujer* presentó en sociedad, asimismo con escándalo, a Brigitte Bardot, el nuevo prototipo de mujer-niña, una apenas veinteañera felina que ya había paseado su cola de caballo y sus morritos de pequinés en películas olvidables, sin que se supiera muy bien si se trataba de una niña en un cuerpo de mujer, o una mujer en un cuerpo de niña. El escándalo consistía en que esta jovencita aniñada era no ya *consentante*, sino que tomaba la franca iniciativa en sus relaciones —sexuales particularmente— tanto con los señoritos en flor como con los caballeros maduros, hacía gala de un comportamiento no inmoral, sino espléndidamente amoral, animal. B.B., a fin de cuentas, no era más que la última —y más sofisticada— muestra de toda una tradición de mujeres-niñas en el cine francés, siempre proclive a los *fruits verts*: Simone Simon y Françoise Arnoul, entre otras, eran sus antecesoras. Su nuevo estilo —y su éxito— puso definitivamente en ridículo todo un subgénero de películas hipócritamente moralistas, edificantes, donde adolescentes núbiles en las nubes descubrían, ante el horror de sus papás, que los niños no vienen de París, como la persuasivamente virginal (y tan angelical como su apellido) Pier Angeli en *Mañana será tarde*, que pronto degeneró en dudosas epopeyas de maternidades clandestinas y celestinos marrulleros donde señoritas bien —Dany Carrel, Danick Pattison, y otras *starlets* similares— hacían cosas menos bien, como apuntó con sorna un crítico de la época en los *Cahiers du Cinéma*. Sólo Luis Buñuel, con toda su rudeza baturra, supo en ese tiempo aproximarse con delicadeza de *connaisseur* al misterio fugaz del sexo temprano, maravillosamente expresado por Alma Delia Fuentes en *Los olvidados*, por Kay Meersman en *La joven*.

Las continuadoras de B.B. proliferaron luego en todas direcciones, desde la muchachita andrógina —modelo Jane Birkin en *Blow-up*— a la muchachita rubensiana —modelo Maria Schneider en *El último tango en París*—, y en fantasías eróticas cada vez menos implícitas y más explícitas. Y la tolerancia creciente no tardó en desbordar los límites de la fantasía más impaciente. En una evolución de connotaciones incestuosas, la mujer-niña dejó paso a la niña-prostituta, como Iris/Jodie Foster, meretriz de 15 años en las aceras de Manhattan cuya explotación provoca una tragedia en *Taxi Driver*. O como Violet/Brooke Shields, prostituida a los 12 años en un burdel de Nueva Orleans en 1917, retratada desnuda yacente en parodia de la

Olympia, de Manet, por su pronto consorte J. E. Bellocq, el notorio fotógrafo de las rameras de Storyville, algo así como un afable Lewis Carroll que parece Toulouse-Lautrec estirado por algún lecho de Procusto, en *Pretty Baby*, ejemplar perfecto, por no decir ejemplar, de película-escándalo sin escándalo. Una significativa nota al pie a ese departamento de lolitas candelarias, involuntarias, sería el caso de Eva Ionesco, niña de 10 años a la que su madre, Irina —fotógrafa absurda ya que no del absurdo—, hizo brevemente célebre al retratarla disfrazada de *vamp* envuelta en gasas, tules y encajes robados a Sternberg o desvestida como Venus impúber que pudo soñar Botticelli; tres años después deambuló por una estúpida peliculita erótica de niños, no para niños —lo mejor era el título, *Maladolescencia*— para evaporarse inmediatamente: se veía ya como una niña prematuramente envejecida, cuyos rasgos infantiles anunciaban a la adulta desencantada, resabiada, en que iba a convertirse, doloso, doloroso destino de todas las Lolitas.

Franqueados con discreción esos límites indiscretos, se diría que ya todo entró dentro de lo permitido, que a nada se niega la respetabilidad. Alberto Lattuada, un cineasta veterano y comprometido que siempre puso en tela de juicio los valores burgueses y erotómano avisado con un ojo clínico para descubrir colegiales en sazón —Nastassja Kinski entre muchas, heroína de una fantasía incestuosa, *Así como eres*, y a la que su famoso padre, Klaus, alardea en sus memorias de haber conocido bíblicamente— puede cultivar libremente sus aficiones y publicar relatos eróticos que no consiguió filmar. El simpático Alain Robbe-Grillet, escritor respetado y uno de los padres del *nouveau roman*, dirige películas mórbidas, donde explora con dedicación tenaz, tal vez procaz, la epidermis de adolescentes tan esplendorosas como los títulos que utiliza: *El Edén y después*, *Deslizamientos progresivos del placer*, *El juego con el fuego*, bonitos actos de pornografía ilustrada. Y Eric Rohmer, cineasta y escritor con vocación de moralista del siglo XIX, observa en incontables cuentos filmados con aristocrática distancia y no sin delectación cómplice los intrincados, maquiavélicos, a veces perversos juegos del amor y del azar de todo un harén de *jeunes filles en fleur et en détresse*, de las que se erige en cronista, epígono, padre confesor y *maître à penser*.

Dicho en otras palabras, ya no hay escándalo, porque la moral no la hacen el libro, ni la película, ni los autores, sino los otros, nosotros. Y hoy casi todos contemplan, contemplamos, el sexo como una operación intelectual, decididamente cultural, casi espiritual. Humbert Humbert ya no luce como un marginal un poco *cochon*, sino como un original respetable. Y el sí de la niña resulta ahora la cosa más natural del mundo. *Sic transit gloria Lolita.*

MARNIE, LA PERVERSA INOCENTE

JOSÉ MARÍA LATORRE

Puede parecer extraño que uno de los capítulos de un libro sobre las perversas, cuyo conjunto está dedicado a las llamadas «perversas cinematográficas», se centre en el personaje de Marnie Edgar (Tippi Hedren), protagonista del film de Alfred Hitchcock, *Marnie* (1964). Pero, en primer lugar, debo aclarar que personalmente me interesa mucho más la turbiedad de una conducta, la turbulencia moral de un personaje, que la etiqueta de comportamiento que exhibe; más, también, quien vive atormentado por sus fantasmas internos que quien alardea de bondad o de maldad, de inocencia o de perversidad. De ahí que la maldad teatral, aparatosa, exhibicionista, de las grandes «villanas» cinematográficas (como Bette Davis) me produzca casi siempre indiferencia, mientras que la ambivalencia de los personajes conflictivos suela depararme experiencias más provechosas: la agitación que se adivina en la mirada de Mrs. Drayton (Brenda De Banzie) al reconocer a Ben MacKenna (James Stewart) en la iglesia, en *El hombre que sabía demasiado*, vale más, y es mucho más inquietante, que las sonrisas torcidas y los agrios desplantes de Bette Davis o las incitaciones al mal de cualquier *femme fatale* del cine negro. En segundo lugar, tratándose del cine de Hitchcock, las cosas nunca están tan claras como parece; y si es cierto que, a la larga, Marnie Edgar queda retratada en el film como una víctima inocente, no es menos cierto que *Marnie* gira en torno a la perversidad, aunque hábilmente repartida entre varios personajes. El film de Hitchcock no es el retrato de una sola perversa-inocente: también es un sagaz melodrama sobre los tortuosos caminos que sigue la perversidad (y sus máscaras) en sus manifestaciones.

El tema de la perversidad yuxtapuesta a la inocencia ha sido una idea recurrente en el cine de Hitchcock, sobre todo referida a sus personajes femeninos. Sin ánimo de exhaustividad, se puede recordar el enfrentamiento, a la sombra del odio lésbico, de la bruja Mrs. Danvers y la inocente Sra. de Winter en *Rebeca*; o las transformaciones que experimenta Alicie Huberman en *Encadenados* hasta llegar a la relación de engaño que mantiene con su esposo, en una apasionante conjunción erotanática en la que el beso se desliza entre la seda junto con el veneno; o la ambigua mirada de la actriz Alida Valli en *El proceso Paradine*, capaz de trastornar y de tentar a un hombre llevándole hasta el abismo de la degradación; o la fascinante trampa sensual que le tiende Lisa Fremont al inmovilizado fotógrafo Jeff en *La ventana indiscreta*, tejiendo entre sonrisas cautivadoras y oferta de lencería fina una tupida tela de araña matriarcal; o la mezcolanza de frialdad y sensualidad de la Frances Stevens de *Atrapa a un ladrón*, que besa por sorpresa y desprecia con afectada indiferencia; o la Mrs. Drayton de *El hombre que sabía demasiado*, la cual combina imperturbablemente el secuestro y el asesinato con su trabajo en una sórdida parroquia londinense; o la Madeleine/Judy de *Vértigo*, otro magistral retrato erotanático en el que inocencia y perversidad se relacionan y se funden en el mismo plano, con fondo de tumbas abiertas, amores impetuosos y flores del mal; o las fluctuaciones argumentales que arrojan a Eve Kendall de los brazos de Roger Thornill (con beso incluido) hasta los del villano Phillip Vandamm (mirada y gestos posesivos) en *Con la muerte en los talones*, sin que ninguno de los dos hombres sepa en qué momento está mintiendo, o si es más personal cuando besa que cuando traiciona, o la Marion Crane de *Psicosis*, que, mediante el robo de 40.000 dólares en la agencia inmobiliaria donde trabaja, relaciona una secuencia amorosa en *deshabillé* con una secuencia criminal bajo la ducha; o la inquietante Mrs. Brenner de *Los pájaros*, que no duda en reprimir histéricamente los impulsos amorosos de su hijo Mitch; o los dos principales personajes femeninos de *Family Plot*, falsa vidente y torpe secuestradora, ambas simuladoras e inocentes. Sin embargo, tal vez la Marnie Edgar de *Marnie* sea el personaje femenino en el que Alfred

Hitchcock reflejó de manera más apasionada y turbulenta sus obsesiones personales en torno a la mentira, la frigidez y el sexo, mostrándola turbadora en su inocencia y atractiva en su perversidad: a Hitchcock le gustaba mirar hacia el abismo a través de los ojos de una mujer, ser tentado por un sexo conflictivo.

El retrato de Marnie Edgar contiene un poco de los citados personajes femeninos hitchcockianos: como la Sra. de Winter, se ve acosada por una bruja (Lil) después de casarse con Mark Rutland e ir a vivir a su mansión; como en Alicia Huberman, el beso conyugal está estrechamente relacionado con la muerte; como Maddalena Paradine, fascina a un hombre hasta lo obsesivo; exhibirá lencería como Lise Fremont, quizá de modo más inocente, aunque provoque el mismo trastorno en el hombre; como Frances Stevens, esconde tras su glacialidad un temperamento volcánico; como Mrs. Drayton, sabe combinar el delito con el trabajo; como Madeleine/Judy, se muestra a la vez inocente y perversa, posesiva y poseída, objetivo del fetichismo masculino; como Eve Kendall, se dejará besar por el protagonista sin que éste sepa que tras el beso se esconde la mentira; como Marion Crane, relaciona a través de sus robos el deseo con la muerte; como Mrs. Brenner, sabe reprimir con su histeria la sexualidad de los otros; como Fran y Blanche, Marnie es a la vez falsa e inocente. En este sentido, podría considerarse a Marnie Edgar como una suma de las mujeres que habían poblado hasta entonces el cine de Hitchcock, como, en efecto, lo es, pero el autor fue todavía más allá: *Marnie* narra un viaje al abismo, a lo largo del cual la viajera —Marnie Edgar—, descrita inicialmente con signos de perversidad, va adquiriendo un grado de inocencia mientras descarga en los demás personajes femeninos del film el peso de un equipaje hecho de culpa, de robo, de mentira, de celos y de frigidez; es decir, su perversidad desaparece para expresarse, multiplicada, en las otras, ofreciendo la *transfert* más diabólica planeada por el autor de *Falso culpable*.

Film de viaje, de itinerario, *Marnie* lo es desde sus primeras imagenes, en las que una mujer de cabello moreno, con traje sastre y bolso amarillo, camina de espaldas a la cámara por el andén de una estación ferroviaria. En el cine de Hitchcock es frecuente que los planos de nuca y los encuadres de los personajes mostrados de espaldas estén asociados con la idea del miedo o de la mentira. Y Marnie Edgar no es una excepción: viéndola encuadrada de esa forma, el espectador sabe o intuye que se trata de una fugitiva, de una mujer que oculta algo. Pero, ¿de qué huye Marnie? ¿Qué oculta? Hitchcock lo aclara en la secuencia siguiente, mostrando a un empresario, Mr. Strutt, quejándose ante su secretaria y dos policías de que su nueva empleada ha huido después de robarle la caja. Su empleada —describe— es morena. Hitchcock vuelve a seguir a la mujer de cabello negro, ahora por el pasillo de un hotel, pero todavía de espaldas a la cámara. Y, en un plano cuya construcción recuerda el que mostraba a Marion Crane ante el dinero robado, en su habitación en el Bates Motel de *Psicosis*, el director enseña las manos de la mujer manipulando unos billetes de banco y sustituyendo en su cartera una tarjeta de identidad por otra. En seguida se produce la revelación: la mujer, Marnie, destiñe en el lavabo su caballo moreno convirtiéndose en rubia, en un cambio de personalidad que no puede menos que recordar el de Judy transformándose en Madeleine ante la mirada exaltada de su enamorado John «Scottie» Ferguson, en *Vertigo*. La diferencia radica en que en *Marnie* esa transformación es voluntaria y no existe ningún testigo de ella: Judy se convierte en Madeleine ante «Scottie» para afrontar un pasado criminal, Marnie se convierte de morena en rubia ante la única mirada del espectador y para huir de un presente delictivo. Para entonces ya está claro que Marnie es la mujer que ha robado la caja fuerte de Mr. Strutt y que había cambiado de identidad para llevar a cabo su robo. La secuencia siguiente —la visita que Marnie efectúa a su madre en Baltimore— mostrará una faceta del personaje todavía más inquietante. El retrato va haciéndose cada vez más turbulento a medida que el viaje de Marnie va pasando por nuevas estaciones. Y en la de Baltimore, con un telón portuario de fondo tan artificioso y expresivo como un decorado operístico, las incorporaciones resultan especialmente dramáticas: a veces parece que Hitchcock esté filmando frontalmente el Mal.

Además de ladrona y mentirosa, Marnie también es una mujer dominada por los celos: no puede evitar expresarlos cuando su madre le prepara un pastel a una niña vecina, ni cuando la pequeña está presente durante la conversación que ella mantiene con su madre, ni cuando ésta cepilla los cabellos de la niña o rechaza el contacto físico de la hija aceptando, en cambio, el de la pequeña. Pero hay más: Marnie le regala a su madre una estola de visón y es ahora niña la que se siente celosa a causa de su exclusión, de su falta de protagonismo. Por donde quiera que pase, Marnie va dejando un poco de sí misma en los otros personajes femeninos: la niña es el primer caso dentro del film, pero, a continuación, Marnie efectuará junto con su madre una violenta declaración de desprecio a los hombres. ¿Es Marnie quien incita a su madre o es la madre quien arrastra a la hija a formular esa declaración? Al abandonar la casa materna, Marnie deja tras ella signos de su presencia: la estola de visón comprada con el fruto de sus robos, el manifiesto de odio hacia el hombre, un histérico estallido de celos, y a la vez de desamparo, y una extraña aprensión al color rojo puesta de manifiesto al ver los gladiolos que tiene su madre en el piso. Demasiado para una sola mujer; de ahí que el paso siguiente sea, consecuentemente, la preparación de un nuevo robo (pues a esas alturas ya se intuye que el robo es para Marnie una liberación, pero también una manera de llenar los vacíos de su personalidad). Su cabello es ahora castaño, no su rubio natural: Marnie miente de nuevo: actúa... y el viaje la lleva desde Baltimore y sus infernales telones de fondo hasta Filadelfia.

En el despacho del nuevo jefe de Marnie, Mark Rutland, Hitchcock presenta al cuarto personaje femenino: se trata de Lil, la cuñada de Mark (el ajustado diálogo aclara que Mark es viudo desde hace año y medio). Por el modo que tiene Lil de moverse en el despacho, autoritariamente, y por las miradas que dedica a Mark y a la nueva empleada, Marnie, Hitchcock sugiere que la mujer mantiene una relación posesiva con el hombre (es evidente que le gustaría casarse con él, ocupando el puesto de su hermana muerta) y que la presencia de Marnie podría ser un obstáculo para materializar su deseo: intuye en ella a una enemiga. Y esa hostilidad nace también del hecho de que Lil y Marnie son dos seres opuestos que reconocen su diferencia: Marnie es una mujer misteriosa, inquietante, mientras que Lil es trasparente y banal; Marnie mira al fondo de su mente (o pretende hacerlo), Lil mira hacia el matrimonio; los celos que pone de manifiesto Marnie ante su madre y la niña vecina tienen una oscura motivación, presumiblemente sórdida, y los de Lil parecen justificarse en la aversión que le inspira la proximidad a Mark de cualquier mujer atractiva. Significativamente, también la entrada en escena de Lil contribuye a que Marnie se libere de los celos:

desde ese momento ya no volverán a manifestarse; los celos se transfieren a Lil, igual que se transfirieron a la niña. ¿Cómo no considerar perversa a una mujer que se va desprendiendo de ese modo de sus características personales más turbias? A menudo, las heroínas hitchcockianas se ven abocadas a un proceso de despojamiento: la Connie Porter de *Náufragos* y la Melanie Daniels de *Los pájaros* son dos ejemplos extremos, que pasan de la sofisticación y el egoísmo iniciales a la humildad y a la solidaridad final; Marnie es su reverso maligno, ya que se desembaraza de lo molesto, como ellas, pero transfiriéndolo a los demás.

Las otras tres mujeres que tienen cierto peso dramático en el film, la fregona sorda de la oficina de Rutland, la ocupante de la vivienda a la que acude Marnie tras el accidente sufrido por su caballo, y la secretaria Susan, insisten en lo ya apuntado: Marnie convierte a la primera en cómplice involuntaria de su robo (su sordera le impide descubrirla cuando huye del despacho, en una secuencia de modélica construcción), y utiliza a la segunda (uno de esos rostros inquietantes que asoman a menudo con brillo secundario en el cine del autor) y a la tercera para lograr sus propósitos: necesita las llaves de la mesa de Susan para robar y necesita una pistola para matar al caballo malherido. Y cuando Marnie desea algo lo toma, venciendo cualquier resistencia con la ayuda de su magnetismo personal. Pero lo suyo no es constancia, sino doblez (relación con Susan) y autoritarismo (relación con la ocupante de la vivienda campestre).

También los hombres acusan los efectos de la proximidad de Marnie Edgar: Mr. Strutt, el empresario robado al inicio de la película, ha aceptado a Marnie como empleada a causa de su belleza, sin pedir informes sobre ella. Se puede pensar que, tarde o temprano, Strutt habría acabado haciéndole proposiciones sexuales. Cuando, más tarde, en la fiesta en casa de los Rutland, Strutt reencuentra a Marnie, convertida en esposa de Mark, su despecho, su deseo de venganza, están más motivados por el recuerdo de la sexualidad frustrada que por el dinero robado. Parece como si Marnie delegara sus defectos en las demás mujeres y dejara a los hombres frustrados tras haber despertado en ellos una turbulencia amorosa. Es el caso de Mark Rutland, situado en el eje dramático de la película.

Hasta el momento en que conoce a Marnie, Mark Rutland era un hombre de costumbres tranquilas, recientemente viudo, aficionado a la zoología, que sólo debía hacer frente al constante asedio amoroso de su cuñada Lil. La aparición escénica de Marnie transforma a ese hombre apacible en un amante fetichista, en un obseso, en un desesperado como el «Scottie» de *Vértigo*. Merece la pena detenerse en el momento de su arrebato sexual. Atraído por ella, la requiere en el despacho, fuera de las horas de oficina, con el pretexto de que le pase a máquina un trabajo. El despacho de Mark tiene unas vitrinas tras las que guarda muestras de arte precolombino pertenecientes a su difunta esposa, y Mark confiesa que le gusta observar las costumbres de los animales: «entre las aves de rapiña predominan las de sexo femenino», manifiesta, en una clara alusión al interés que despierta Marnie en él en cuanto depredadora, en cuanto *perversa*. El ambiente está erotizado: la fascinadora y el fascinado se encuentran solos en el edificio, hay amenaza de tormenta, el retrato de la fallecida esposa de Mark ocupa un lugar visible en el despacho. Los relámpagos hacen que Marnie pierda sus defensas ante la ofensiva del hombre; el tronco de un árbol penetra fantástica y violentamente por la ventana del despacho y rompe las vitrinas; Hitchcock desequilibra el encuadre, inclinándolo un poco, para mostrar a continuación, en gran primer plano, la boca del hombre buscando la de la mujer en un beso prolongado, húmedo, animal... La secuencia, una de las más sexualizadas jamás rodadas por Hitchcock, clarifica las relaciones que mantienen y van a mantener los dos personajes: la penetración del árbol en el despacho adquiere tanto el sentido de una violación (de la intimidad de Marnie, de su sexualidad cerrada al contacto) como el de una prefiguración de lo que va a acontecer (lo externo, Marnie, invadiendo el tranquilo mundo interior de Mark Rutland para transformarlo, para hacer aflorar una vertiente oculta de su personalidad: el árbol rompe el pasado, representado en los recuerdos de la esposa). Y el beso, más morboso que los famosos besos de *Recuerda, Atrapa a un ladrón, Con la muerte en los talones* o *Vertigo*, sugiere, gracias al encuadre, el trastorno que la mujer ha provocado en el hombre.

Cuando, más tarde, la situación llega a un punto desde el que no puede avanzar si no es con la *unión* de la pareja, Marnie reacciona robando la caja de la oficina de Mark; al prepararse para cometer su nuevo delito, la cámara la sigue de espaldas, coherentemente, igual que en las secuencias iniciales. Sorprendida por Mark, Marnie tendrá que acceder a casarse con él, no sin antes confesarse *ladrona y mentirosa* (y las historias de su vida que va contándole a Mark son, en efecto, un embuste). La claudicación de una mujer que manifiesta *no ser como las otras personas*, tiene lugar con una frase que desenmascara públicamente la actitud de Mark: «Para usted no soy más que otro animal de los que acostumbra a capturar». En la forzada sumisión de Marnie hay una amenaza latente.

Las relaciones que Marnie ha ido manteniendo sucesivamente con los otros personajes parecen haberla *vaciado*. En el momento de su matrimonio con Mark sólo le queda su frigidez, su desprecio al hombre. El viaje de bodas que efectúan en el crucero acentúa el rechazo de Marnie y la obsesión fetichista de Mark Rutland (resulta enormemente significativo que cuando éste la intente besar en el camarote se sitúe de espaldas a la cámara, como si eso constituyera un intento de acceso por su parte al lado oculto de la personalidad de Marnie, ese lado que Hitchcock sugiere cuando la encuadra de espaldas). En la siguiente tentativa de beso, Marnie se queda mirando hacia la cámara, con una mirada fría, sin pestañear siquiera, ausente. La actitud de Marnie hacia Mark puede tener una justificación (y de hecho, como más tarde se muestra en el film, la tiene), pero ese rechazo del contacto físico, ese desprecio, resultan mucho más efectivos que los gesticulantes desdenes de la perversa «oficial» Bette Davis en los academicistas melodramas de William Wyler que labraron su fama de perversa: está más cerca de la inquietante ambigüedad de Marlene Dietrich en cualquiera de sus films con Sternberg o de la Lulú de Wedekind visualizada por Pabst en *La caja de Pandora*.

El resto del film sigue explorando las temáticas enunciadas hasta entonces: Lil continúa ejerciendo su papel de bruja sonriente aficionada a la intriga conyugal y al espionaje, la incógnita sigue centrándose en la madre de Marnie, y Mark se empeña en aclarar el por qué de la conducta de su esposa, con sus desprecios, sus evasivas, sus obsesiones y sus temores, que la hacen disfrazarse de perversidad (en el juego de asociaciones de ideas que Marnie afronta con Mark, la mujer identifica el agua con la pureza —lo que explica su tentativa de suicidio en la piscina del crucero—, al rojo con el blanco y, tras burlarse de la mirada *lánguida* de Mark, termina con una crisis de histeria y solicitando ayuda). Marnie-ladrona, Marnie-depredadora, Marnie-embustera, se siente perseguida y eso explica el horror que le inspira ver las expresiones satisfechas de los cazadores durante la cacería *de luxe* a la que asiste: ella es la pieza que todos, empezando por su esposo, quieren cobrarse.

Es evidente que la conclusión debía centrarse, de acuerdo con el planteamiento del film, en Baltimore: en ese sucio barrio portuario de aire fantástico en el que vive Mrs. Edgar, la madre de Marnie. Y en la inevitable secuencia explicativa final interesan más algunos detalles aislados que los aclaratorios: la madre de Marnie ejercía la prostitución y obligaba a su hija a abandonar la cama, los golpes en las ventanas eran las llamadas de los clientes, el blanco era el traje de los marineros, el rojo sobre el blanco la sangre del marinero al que mata la niña Marnie para ayudar a su madre golpeada... De alguna manera había que explicarlo, y esas explicaciones deben aceptarse desprejuiciadamente, del mismo modo que se acepta la —más irónica— que hace el psiquiatra al término de *Psicosis*. De todos modos, queda algo turbador flotando en el ambiente, como queda un decorado fantástico inesperadamente vacío: Marnie ha reconocido ante su madre ser «una embustera, una ladrona y no sé cuántas cosas más..., pero soy decente». ¿Lo que perseguía esta perversa inocente era preservar, en medio de tantas otras cosas rechazadas, una idea de la decencia imbuida por el rencor sexual de su madre? Al salir a la calle, Mark y Marnie parecen liberados; el plano permite ver a unas niñas jugando en la acera; una de ellas es Jessie, la celosa y egoísta vecina de Mrs. Edgar; algo debe permanecer en ella; a pesar de las explicaciones, la turbiedad queda flotando en la atmósfera de *Marnie*, como un duendecillo maligno refractario a abandonar el terreno de sus actividades. Podría argumentarse que *Marnie* retrata a una inquietante perversa que al final resulta una perversa inocente, pero en el fondo la película ha estado hablando continuamente de perversidades y de perversiones, mostrando el lado más oscuro y abisal de las relaciones humanas. Una película maligna casi perfecta en la que sólo la música de Bernard Herrmann resulta un factor inarmónico; en efecto, este compositor, que supo interpretar bien el «descenso a los infiernos» de *Psicosis* y que compuso un simpático *pastiche* wagneriano *(Tristán e Isolda)* para *Vertigo*, no supo seguir el desarrollo sublime y perverso de esa relación amorosa (no está en su naturaleza), ofreciendo una partitura altisonante cuya estridencia va por otro camino más convencional.

Algunas dudas permanecen, no obstante, en la mente del espectador después del final del film. *Marnie* iba a ser interpretada, en principio, por Grace Kelly, en un publicitado retorno a la pantalla salvando la distancia que separaba a su principado de Hollywood, pero el personaje terminó adoptando los rasgos del reciente descubrimiento de Hitchcock, Tippi Hedren, quien acababa de ser Melanie Daniels en *Los pájaros*. Una vez establecida esa sustitución había que pensar qué elementos relacionaban a Grace Kelly con Tippi Hedren para que Hitchcock, tan meticuloso en la elección de actores, pensara en ésta como sustituta de aquélla. Y también: ¿por qué la atmósfera del film y las secuencias amorosas resultan tan morbosas? ¿Por qué se desprende tanta turbulencia, un erotismo tan enfermizo, de la escena en el despacho de Mark Rutland durante la tormenta o de las escenas del viaje de bodas? Hubo que enterarse de ello unos años después de la muerte del director: al parecer, Hitchcock se había enamorado de Tippi Hedren tanto como lo había estado hacía años de Grace Kelly —en ambos casos sin correspondencia—, y trasladó a la pantalla, a la ficción denominada *Marnie*, una parte de sus obsesiones amorosas; de ahí que la película contenga, a la vez, una declaración de deseo y un manifiesto de odio a causa del rechazo. ¿Habría sido *Marnie* una película morbosa si Hitchcock se hubiera visto correspondido? ¿Habría dejado finalmente una impresión más reposada, menos histérica? O, diciéndolo de otra manera: ¿la perversa inocente Marnie Edgar habría sido todavía más inocente y menos perversa? Parodiando ese viejo y estúpido lugar común que afirma que detrás de cada gran hombre existe una gran mujer, habría que decir, a partir de *Marnie*, que detrás de cada perversa cinematográfica existe un instructor o un maestro de la perversidad; el nombre de éste era Alfred Hitchcock y fue uno de los mayores creadores de formas en su medio de expresión.

LADY GODIVA EN EL LABERINTO

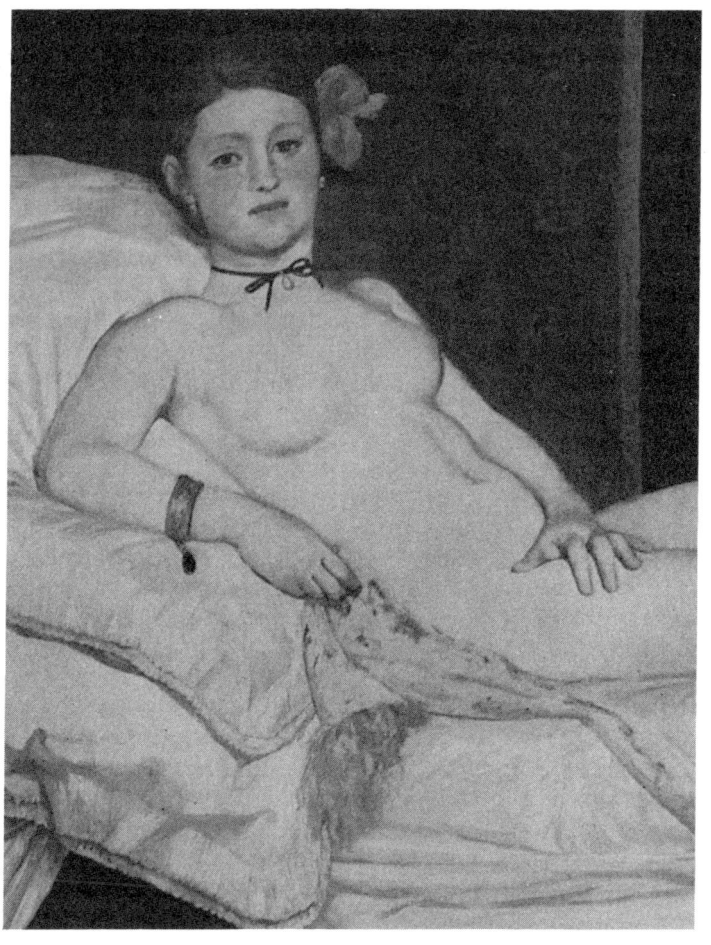

EMILI OLCINA I AYA

No conozco ni he visto jamás, ni sé de nadie que haya conocido o visto, en persona o en imagen, a la condesa Esmeralda Ruspoli. Consta, sin embargo, en legajos judiciales, y también en letra impresa, que alcanzó una efímera publicidad cuando, en los años sesenta, compareció ante un tribunal italiano por haberse mostrado «provocativamente» (o quizá era «indecentemente» o «incitantemente», pero tanto da para el caso) desnuda en una escena cinematográfica. La noticia se difundió, ni mucho menos con grandes titulares, en forma de reseña de agencia, y halló un modesto espacio en las páginas interiores de la prensa. La condesa Esmeralda Ruspoli, desnuda ante un tribunal como la bella ateniense Friné, quedó en mi memoria entre acontecimientos que la Historia no toma en cuenta.

En la condesa Esmeralda Ruspoli convergían, con todo, circunstancias suficientes para hacerla más digna de recuerdo que la mayor parte de las informaciones de escasa relevancia junto a las que había quedado almacenada. Era una aristócrata italiana, sin duda hermosa, y su escasa fama la asociaba con la corrupción de la moral; todo eso, situándola en la tradición de Lucrecia Borgia, despertaba la imaginación a evocaciones renacentistas: venenos, puñales, amores e intrigas en salas y alcobas donde aún se olía la pintura fresca de lienzos de Leonardo o Bronzino. Su indefensa desnudez llamaba, como paladín, a un Invanhoe adolescente que, al cabo de los años, recoge el guante de Sir Brian de Bois-Guilbert. En el ámbito menos romántico de una curiosidad un tanto morbosa, sorprendía que, mientras la desnudez femenina se trivializaba y generalizaba, en ambientes hippies, escenarios, playas, revistas para hombres, anuncios y calendarios, y mientras en el cine, aun sin contar con la industria pornográfica, Brigitte Bardot se exhibía con generosa totalidad ante públicos masivos, una modesta actriz italiana fuese llevada ante los tribunales por el simple hecho de mostrarse sin ropa. ¿Cómo se desnudó la condesa Esmeralda Ruspoli para escandalizar por ello, en unos tiempos en que su acto, en sí mismo, carecía de originalidad? La respuesta, como en las célebres preguntas de Sir Thomas Browne sobre la canción que cantaban las Sirenas y el nombre que tomó Aquiles cuando se ocultó entre las mujeres, no queda «más allá de toda conjetura».

Neguemos, ante todo, la falsedad según la cual la desnudez es un estado «natural». Dicen muchos que si Dios o la Naturaleza nos han dado manos, ojos y nariz, y mostramos todo eso sin reparos, la misma libertad deberían gozar esas otras partes del cuerpo que suelen ocultarse en sociedad. No. La desnudez, en particular la femenina, es y ha sido siempre innatural; dicho de otro modo: la desnudez es y ha sido, en su definición y en su ejercicio, un hecho cultural, y el *Génesis* no es arbitrario al narrar que Adán y Eva cobraron conciencia, y se avergonzaron, de su desnudez en cuanto hubieron mordido la fruta *de la sabiduría*.

¿Qué es la desnudez? Tiene muy poco que ver, si es que algo, con la mera exhibición anatómica o con la ausencia de objetos que disimulen los atributos sexuales. ¿Está desnudo, en el sentido en que puedan estarlo Brigitte Bardot o la condesa Esmeralda Ruspoli, el cadáver de *La lección de anatomía* de Rembrandt? ¿Lo están el paciente en el quirófano, el reo en la sala de torturas, o el viejo anacoreta en su cueva del desierto?

La ausencia de ropa no determina la desnudez; lo hace un dictamen social. Podría parecer que ciertos aborígenes australianos van «naturalmente» desnudos por cuanto que no llevan *jamás* encima ni un átomo de vestidura; pero entre ellos el cuerpo es socializado y sacralizado, con una intensidad impensable en otras culturas, mediante ceremonias, a veces muy dolorosas, que insertan ese cuerpo en un universo mítico y moral tan distinto de la simple naturaleza como las construcciones teológicas del Cristianismo o el Islam. Entre los zulúes, una muchacha debía llevar tan sólo un exiguo faldellín y era indecente que, descarriada por la influencia europea, se tapara los senos. La mujer nuer, en el Sudán, permanecía desnuda hasta el nacimiento del primer hijo, no expresando con ello, en absoluto, una dócil disponibilidad sexual, sino su independencia respecto al control masculino; y era común, en distintas partes de África, que las viudas volviesen a la desnudez prematrimonial o prematernal, negando con ello a los hombres cualquier derecho exclusivo a acceder a su conocimiento íntimo. Es frecuente, entre los pueblos llamados primitivos, que la condición de mujer quede definida por una ceremonia de iniciación sin la cual no se abandona el estatus social de la niñez; una demora de esa ceremonia, ya porque su coste social sea excesivo para un pequeño número de iniciandas, ya porque tarden en darse las adecuadas condiciones rituales, señaladas, quizá, por acontecimientos astronómicos o telúricos, puede suponer que algunas muchachas sigan siendo «niñas» varios años después de alcanzar su pleno desarrollo anatómico y fisiológico y permanezcan desnudas sin causar el escándalo que provocará una chicuela de diez años que, habiéndose iniciado o casado, se quite públicamente la ropa, aunque ésta se reduzca, acaso, a un simple brazalete.

¿Y a la inversa? ¿Cómo puede persistir la desnudez si se tapa profusamente el cuerpo humano? Christina Heyden, en el siglo XVII, antecesora en tres siglos de la condesa Esmeralda Ruspoli, compareció ante un tribunal por atentado contra la decencia: *su marido la había visto, de noche, con el cabello suelto y el abundante ropaje parcialmente desabrochado*. La descocada mujer, por lenidad de los jueces, se salió del paso tan sólo con una multa de un montón de florines. Atrás quedaban los tiempos en que el uso del escote era castigado con el ejemplar rigor de los destierros y las excomuniones tanto de las culpables como de sus permisivos maridos, y aún quedaba lejos en el futuro la Inglaterra victoriana, donde ningún caballero hubiera osado profanar la intimidad de una dama, «desnudarla» en suma, pronunciando, refiriéndose a ella, la palabra «tobillo». En el más licencioso siglo XVIII europeo, una de las modalidades de «favor supremo» concedido por una mujer a un hombre consistía, según la condesa d'Aulnoy, en enseñarle sus pies descalzos.

La permisividad hacia la desnudez, su existencia misma y su valoración moral son independientes de criterios cuantitativos aplicados a la exposición física, y el estatus social o ritual la respetabilizan, anulan o relativizan. En la antigua Roma, un senador fue objeto de severa reprimenda por haber besado a su mujer delante de los niños de la casa, cuando hubiera podido, en vez de armar semejante escándalo, irse a presenciar una competición gimnástica de mujeres públicas desnudas, o bañarse con ellas (pero no con su mujer) en las termas. Entre los varones zulúes, era costumbre mantener la desnudez hasta la primera eyaculación nocturna. Chaka, el genial guerrero de esa nación, había sido objeto, durante su infancia, de burlas entre sus compañeros porque, según lo expresó uno de ellos (pagando el chiste con una paliza a manos de Chaka), «su pene era como un gusanito de tierra». Al llegar a la pubertad, Chaka, enorgullecido por un feliz cambio anatómico al que quiso dar amplia publicidad, rechazó la entrega ceremonial del *umutsha*, el paño de entrepiernas usual, y siguió desnudo hasta que la opinión, escandalizada, le obligó a adoptar el uso del *um-ncedo*, circulito de cuero de una pulgada de diámetro que, sujeto en la punta del miembro viril, bastaba para vestir por entero a un gentleman zulú. La Roma imperial, públicamente más pudibunda que la Roma austera de tiempos anteriores, consideró indecente la intervención, en una de las ceremonias de las Lupercalia, de dos hombres desnudos, y, para salvar el decoro al mismo tiempo que la tradición, se les introducían, llegada la ocasión, unos pequeños discos metálicos bajo la piel del prepucio: se preservaba la *apariencia* de una desnudez total, pero los dos oficiantes, por consenso general, iban vestidos por las invisibles piezas metálicas.

No existe simetría entre la desnudez masculina y la femenina. La cultura griega, en sus tiempos de esplendor, admitía y admiraba el desnudo masculino, pero se escandalizaba porque las mujeres de Esparta vestían de tal modo que, en ocasiones, se les veían las pantorrillas. En la Edad Media europea se imponía a veces la desnudez pública a brujas o adúlteras, pero ese castigo se aplicaba con precauciones rituales y sociales innecesarias con los delincuentes varones, dado que no era nuevo el conocimiento de los poderes mágicos de la desnudez femenina: Plinio, en el siglo I, en su *Historia natural*, recogiendo una ya muy antigua sabiduría, explicaba que una mujer desnuda, si bien podía causar mil desgracias, poseía también las virtudes de eliminar plagas en los campos, calmar tormentas marinas y curar

una gran variedad de dolencias, desde erupciones cutáneas hasta la hidrofobia.
Volvamos a la condesa Esmeralda Ruspoli. Su desnudo se plasmó cinematográficamente, en un medio artístico; había que buscar puntos de referencia en otros desnudos artísticos que hubieran causado escándalo. Pensé, en un primer momento, en el cuadro *Le Déjeuner sur l'herbe*, pintado por Manet en 1863. Manet mostraba, en un ambiente realista, sin coartadas mitológicas, a una mujer desnuda junto a dos hombres vestidos. El tema no era nuevo, pero sí su tratamiento. Delante, por ejemplo, de *El rapto de las hijas de Leucipo*, de Rubens, nadie duda que las dos jóvenes desnudas, pese a sus llantos y súplicas, no tardarán en ser violadas sin contemplaciones. Eso *se entiende* y, en consecuencia, se acepta; eso es «normal». Ingres, algunos años antes de que Manet pintara *Le Déjeuner sur l'herbe*, había logrado, en *Le Bain turc*, prescindiendo también de pretextos mitológicos, la mayor concentración de desnudos femeninos jamás conocida, incluyendo, para mayor animación, una escena de amor entre mujeres; también eso *se entiende*: la desnudez queda explicada funcionalmente por el baño, y no hay ahí secreto ni disimulo en la presentación del lesbianismo. Se acumulan sobre Ingres elogios y honores. Pero, ¿qué hace esa mujer desnuda en *Le Déjeuner sur l'herbe*? Su actitud no es lúbrica; ofrece su cuerpo, pero no invita a su posesión; tan sólo *está ahí*. ¿Por qué suena a falso hablar de «descaro»? Se percibe, de algún modo, que esa apetecible carnalidad es inatacable, que a esa mujer la protege, mejor que una armadura, su inerme desnudez. *Eso ya no* se entiende, y, en consecuencia, es inaceptable, es indecente. Lo ofensivo del cuadro no reside en una incitación sexual, sino, muy al contrario, en su omisión; cualquier interpretación pornográfica queda desmentida por el clima apacible. Olvidemos el cuadro como tal y, aceptando la invitación de la mirada de la mujer desnuda, entremos en la situación descrita. Los hechos, con márgenes de variación limitados, están claros: dos hombres y mujer, en un domingo de verano, se han ido a comer al bosque, junto a un riachuelo. La mujer, supongamos, decide bañarse; al amparo de unos matorrales, se desnuda, tantea el agua, le parece demasiado fría y, cuando se dispone a volver con los hombres, se le ocurre, de pronto, respondiendo a una inspiración similar a la de un artista creativo, seguir desnuda. Su improvisación estética no es

la exhibición de su belleza corporal, la cual es discutible, sino su desnudez misma. ¿Cómo se supone que han de reaccionar los dos hombres a su vuelta? ¿Echarán una moneda al aire para decidir cuál será el primero en violarla? ¿Empezarán con risitas y bromitas, como perfectos majaderos? Claro que no: se comportarán con perfecta *innaturalidad* y seguirán conversando como si nada ocurriese, gozando turbadamente de la situación, como goza la mujer misma, ajena ya a lo que se dice y satisfecha con su silenciosa y original aportación al intercambio de ideas y sensaciones. Con ligeras variantes, el conocimiento de alguno de esos momentos de inspiración femenina pertenece a la experiencia vivida de no pocos hombres; y momentos así pueden erigirse en revelaciones artísticas y morales tan perdurables y fecundas como la forma emblemática que adoptan en *Le Déjeuner sur l'herbe*. Stephen Dedalus, *alter ego* adolescente de James Joyce, pasea sin rumbo. Una jovencita, junto al mar, creyéndose sola, se ha levantado la ropa hasta las caderas para mojarse las piernas; percibe la presencia de un extraño y, *sin pudor ni descaro*, sostiene *largo rato* su mirada sin abandonar su fascinadora exposición física, expresando tan sólo con un leve rubor en las mejillas su esfuerzo por no abrir los dedos, soltar la ropa y disipar la magia. Stephen se aleja antes de que alguna palabra rompa «el sagrado silencio de su éxtasis», ebrio por la relevación de «un ángel salvaje» que le ha abierto las puertas de la vida, la angustia y la creación, «las puertas de todos los caminos del error y la gloria».

Una lectura más atenta de *Le Déjeuner sur l'herbe* lleva, por supuesto, más lejos. Pictóricamente, el cuadro sí tiene una proyección mitológica, explícita en los precedentes de Rafael y Marcantonio e implícita en el *Concert champêtre* de Giorgione y Tiziano, y la desnudez femenina en un bosque remite a identificaciones, tanto artísticas como míticas y etnográficas, del cuerpo femenino con la sacralidad de la Naturaleza y sus misterios cíclicos de fecundidad. La Naturaleza es el reino de la mujer, y su desnudez es un signo de dominio. Así lo aclara el propio Manet en otro cuadro, pintado pocos años más tarde, *El almuerzo en el taller*, donde un mozalbete y un hombre con barba han terminado los postres de una comida servida en una mesa dentro de una habitación sin vistas a la calle. También esta vez los dos hombres están acompañados por una mujer, ahora vestida, que se mantiene al fondo en una espera respetuosa: ya no es la reina de la situación, sino la sirvienta de los hombres. Muchos, aun admirando la destreza de la composición, se han extrañado, y a veces indignado, de la presencia, aparentemente inexplicable, en ese mediocre interior de vivienda urbana, de un enorme casco de guerrero medieval junto con una abundancia de espadas, dagas y cimitarras. Basta con remitirse a los títulos: «Almuerzo en la hierba», «Almuerzo en el taller», para percibir una antítesis entre la comunión de la mujer desnuda con la naturaleza y su paz sagrada, en el primer cuadro, y, en el segundo, la del hombre con la ciudad, la marcialidad y una supremacía fálica, representada por las armas blancas, que relega los misterios femeninos al ámbito de lo agreste, equiparado con lo diabólico.

Le Déjeuner sur l'herbe se ciñe demasiado, en su faceta anecdótica, a una situación bien definida, y quizá no se corresponda con suficiente exactitud a la escena del desnudo cinematográfico de la condesa Esmeralda Ruspoli. El propio Manet ofrece imágenes de validez más general. Su *Olympia*, pintada el mismo año que *Le Déjeuner sur l'herbe*, provocó, pese al aparente clasicismo en la posición de la joven desnuda, un escándalo enorme. *Olympia* era heredera de pinturas universalmente aceptadas y admiradas, pero con matices especiales que, al margen de la acción consagradora del tiempo sobre las obras de Giorgione y Tiziano en las que se inspiraba, le infundían, para qué negarlo, un carácter provocador.

La Venus de Dresden, de Giorgione, está dormida en un paisaje donde se mezclan lo rural y lo agreste. Su exposición física es total, sin ni siquiera una alhaja que interrumpa su desnudez. Su entorno la asocia con la naturaleza; es una Diosa de la Naturaleza; pero, en la perfecta indiferencia del sueño, se manifiesta por encima tanto de esa naturaleza como de las sensaciones que la visión de su cuerpo pueda producir y expresa, con inocente soberbia, su supremacía divina. La revolución artística de la *Venus* de Giorgione consiste en la eliminación de pretextos mitológicos para mostrar a una mujer desnuda: la divinidad, por primera vez, se manifiesta directamente mediante la belleza del cuerpo femenino. Se han invertido los términos tradicionales: la divinificación ya no es un pretexto o un motivo para mostrar la desnudez, y ésta expresa en sí misma una dimensión sagrada.

La Venus de Urbino, de Tiziano, ha cambiado de escenario.

Se encuentra en una habitación de un palacio idílico, aunque, al fondo, una ventana, abriéndose sobre un cielo nublado, remite la escena a las alturas etéreas. Como a la Venus de Giorgione, tampoco la inquieta su desnudez; pero ahora es consciente de ella: mira oblicuamente al observador externo al cuadro y se sabe mirada por él, más, en la seguridad de su dominio, parece meditar sobre cuál será su próxima víctima masculina, sin preocuparle los deseos o las frustraciones que pueda causar su espléndido impudor. La *Venus de Urbino* sigue siendo una manifestación de la gran Diosa nocturna y lunar del amor, el reposo, la muerte y la resurrección, pero ahora, encerrada en su palacio, es también la sagrada Prostituta del Templo, asequible a los hombres que acepten sacralizarse mediante la fusión sexual con la divinidad en forma de mujer y pagar por ello con la vida.

El «escándalo» de *Olympia*, su fuerza provocadora, parte de una asequibilidad engañosa. Esa joven obrera o dependienta parisina *parece* mantenerse en el ámbito cotidiano de quien la contempla, pero éste, *sabe, de inmediato*, que, de nuevo, la Diosa le es inasequible, que, pese a la humildad de Olympia, sólo puede acceder a ella a un precio que ningún buen hombre con los pies en el suelo está dispuesto a pagar. Queda claro que Olympia no es una modelo profesional, sino una muchacha sencilla que, con fuerte renuncia, ha aceptado posar para hacerse un sobresueldo: Olympia, como mujer, no está tranquila en su desnudez como las Venus de Giorgione y Tiziano. Su postura es exactamente la misma: reclinada, con las piernas extendidas y los pies cruzados; sus brazos imitan con fidelidad la posición de los de la Venus de Tiziano (la de Giorgione tiene el brazo derecho doblado bajo la cabeza). No se percibe de inmediato, pero no se tarda en hacerlo, una primera diferencia importante: Olympia no es idealmente hermosa como sus predecesoras. Como la Venus de Tiziano, también Olympia mira al que la mira. Pero tiene plena conciencia de su desnudez y siente vergüenza. Su cabeza no se apoya en el cojín: la mantiene erguida, desmintiendo con ello el fingido abandono a un reposo indolente; su mano izquierda, con los dedos abiertos, se aprieta sobre el muslo derecho, tapando el sexo con mal disimulada energía, mientras su mano derecha sujeta, casi con crispación, el extremo de una colcha con la que podría cubrirse pero que, por el contrario, mantiene retirada para exhibir su desnudez.

No estamos en la naturaleza ni en un palacio de ensueño, sino en un desaliñado taller de pintor; el lecho de Olympia son cuatro maderas y un colchón vulgar; una horrenda cortina verde cuelga en el ángulo superior izquierdo, y una tabla de conglomerado no oculta las sucias paredes del fondo. Pero el cuerpo mismo de Olympia se muestra en reposo, y, pese a la evidente incomodidad de la modelo, pese a la sordidez del entorno, pese a la relativa mediocridad de sus proporciones físicas, ese cuerpo emana una belleza y una serenidad supremas. Todo, en la pintura, está dispuesto de tal modo que, en una difícil armonía, resalta con majestad la blanca desnudez de Olympia: el fondo oscuro, la mujer negra vestida, el gato negro a los pies de Olympia, incluso la dudosa blancura de la ropa del lecho. La desnudez de Olympia queda circunscrita, para mayor realce, entre la cinta negra en su cuello, que aísla sabiamente, sin desgajarla, la cabeza erguida e inquieta, y los pies, esta vez, a diferencia de las Venus de Giorgione y Tiziano, tapados, el izquierdo por una zapatilla, y el derecho por el izquierdo. Mientras la cinta del cuello separa, como parte socialmente «lícita», la cabeza de Olympia, la ocultación de los pies impide que la atención se desvíe hacia esa zona anatómica que ha tenido, en sí misma, adoradores tan eminentes como Pushkin. Manet ha practicado, sin quebrantar la integridad física de Olympia, una «mutilación» comparable a la de las grandes Venus del Paleolítico, privadas de pies y con la cabeza reducida a una masa informe para que resalte la perennidad del cuerpo de la Diosa de la fecundidad y la eterna identidad de ese cuerpo consigo mismo.

Pero Manet *sí* incluye la cabeza y los pies, y eso añade, en *Olympia*, otro nivel de interpretación. El rostro de Olympia es característico, irrepetible; es el rostro de una mujer concreta, con nombre y apellido. Y ahora se llega a su verdadera «provocación»: esta vez, la Diosa no se manifiesta en una idealización artística: su fuerza, su belleza y su perennidad se revelan en la carnalidad de una mujer individual, o, dicho de otro modo, pueden manifestarse y revelarse, potencialmente, en *cualquier* mujer. No es en la idealidad, sino en la materialidad de Olympia, en su fascinante interacción de vergüenza y serenidad, donde se expresa la vigencia, del reinado de la antigua Diosa que la sociedad patriarcal creía haber destronado mediante el envilecimiento, la trivialización y la mercantilización del cuerpo femenino.

Viendo a Olympia, sabemos que, junto a la realidad aceptada como cotidiana, sigue existiendo otro universo regido todavía por la Diosa, un universo cuya existencia no se expresa en términos de poder, seguridad y riqueza, sino de realización estética y de agitación emocional. La Diosa se manifiesta una y otra vez en forma de cuerpo de mujer. Lo saben los artistas, los poetas. Dice Paul Valéry que sólo podemos acercarnos a Olympia con «un terror sagrado», y ésa es su verdadera provocación, porque ella, como Artemisa o Afrodita en sus baños purificadores, recupera la virginidad y el poder originales bañándose, esta vez, en el fluido regenerador del Arte, y ofreciendo como prueba su desnudez desafiante. Olympia, nueva imagen de la antigua Diosa que se llamó Afrodita, Hécate, Perséfone, Deméter, Freya, Astarté, Bellona, Ishtar, Hathor o Isis, proclama que los triunfos de Zeus, Marduk o Jehovah han sido ilusorios en gran medida y que el antiguo culto presidido por las fases cambiantes de la Luna, que expresan el eterno ciclo de la vida, la consumación, el reposo, la muerte y la resurrección, sigue activo, al margen de las religiones oficiales y de las leyes, y sigue imponiendo su crueldad, su bondad y su belleza.

El siguiente gran cuadro de Manet después de *Le Déjeuner sur l'herbe* y de *Olympia*, pintado pocos meses más tarde, reafirma, en otra clave interpretativa, el mismo desafío de los dos grandes desnudos. *El torero muerto*, expuesto en 1864, no provocó reacciones de rechazo, gracias a la incapacidad de la opinión respetable o desatenta de ir más allá de las apariencias. El Torero se muestra en una posición y con unos atributos que lo oponen diametralmente a Olympia. Olympia es mujer, el Torero es hombre; el cuerpo del torero sigue una diagonal descendente, de izquierda a derecha, de los pies a la cabeza, justo a la inversa de Olympia; Olympia está desnuda y rebosante de vida; el torero, vestido y muerto. Todo indica una contraposición punto por punto; y precisamente por ello *El torero muerto* no puede entenderse como una negación de *Olympia*, sino como su negativo fotográfico o como su imagen invertida en un espejo. El Torero es todavía Olympia, la Diosa, revestida, esta vez, de sus atributos de señora de la Muerte.

El Torero está tendido, en un reposo inmenso, sobre una superficie irreconocible (ya no está en la arena ni en la enfermería) invadida progresivamente por una oscuridad cuya ausencia de límites nos proyecta fuera del tiempo y nos aleja de cualquier referencia en el espacio. La mano derecha, levemente salpicada de sangre, posada sobre el corazón en signo de entrega emocional, indica dónde ha penetrado el cuerno del toro. Ha muerto el torero, no el toro, pero el acto sacrificial se ha consumado con toda su eficacia mística. Los cuernos del Toro, símbolo y representación de la Diosa lunar, han preservado, con tanta validez como lo hubiera hecho el estoque, el orden sagrado del sacrificio, la fusión sexual, el reposo, la muerte y la promesa de resurrección. Con esa inversión de papeles, sabemos que el Torero es el Toro. El torero, con su sexo masculino, simbolizado por el estoque que aún agarra su mano izquierda, rendido e inerte, ya no es un hombre, ya no es un macho dominador; no es Teseo, vencedor del Minotauro: ha entrado en el Laberinto, pero, de acuerdo con la autenticidad del rito, se ha unido al Minotauro, regenerando el frescor y la perennidad del misterio lunar mediante una fusión sexual y mística. El Torero, en su condición de víctima, y habiendo abdicado de su virilidad, es la danzarina cretense que, después de hacerse digna de ello por la gracia y la destreza de sus evoluciones ante los toros (consortes sacrificiales de la divinidad lunar), ha sido elegida como ofrenda, ha penetrado en el Laberinto, y allí, en el éxtasis y el terror, ha consumado, una vez más, el acto regenerador del orden de la Naturaleza.

¿Arbitraria, quizá, la igualación del Torero con la Danzarina y con el Toro, y con la divinidad lunar y su consorte? Picasso realiza, en 1935, su *Minotauromaquia*. Ahí, el «hombre socrático», razonable y clasificador, deja de «tener los pies en el suelo» porque huye por una escalera, despavorido, incapaz de soportar la visión de un gran misterio religioso: bajo la mirada apacible de las Tres Gracias, acompañadas por la paloma de Afrodita, el Minotauro, en la arena del ruedo, consuma el acto de identificación del sexo, el éxtasis, el reposo y la muerte, y consagra la soberanía de la Diosa lunar en la fusión sacrificial con el matador, que se nos revela (claro está) como una mujer.

Olympia, explicitada por el Torero muerto, es la Diosa desnuda, es Lady Godiva que, abandonando su condado de Mercia, ha viajado a la antigua Creta; y sabemos que el Minotauro sigue vivo en su Laberinto, y que la Luna mantiene su poder.

Volvamos, ahora, a la desnudez en celuloide de la condesa Esmeralda Ruspoli. ¿Acaso era imprescindible, para hablar de la condesa Esmeralda Ruspoli, remitirse al Renacimiento, la Edad Media y la Antigüedad, a los zulúes y a su guerrero Chaka, a Manet, a los aborígenes australianos, o a divinidades helénicas, germánicas, egipcias o mesopotámicas? ¿Había que remontarse incluso al Paleolítico y a sus Venus, y meterse en el Laberinto del Minotauro?, y, a fin de cuentas, ¿qué se ha dicho, en realidad, de la condesa Esmeralda Ruspoli? ¿No habrá sido, la condesa desnuda, el pretexto para una digresión arbitraria? En absoluto. Tan sólo partiendo de la condesa Esmeralda Ruspoli podía desarrollarse, precisamente como se ha hecho, la exposición que antecede. Admitiré que podían haberse seguido otras líneas de argumentación, pero no que la seguida hubiera podido tener puntos de partida que no fuesen, precisamente, la condesa Esmeralda Ruspoli. He aquí un par de ejemplos, que mantendremos, para simplificar, en el ámbito temático de la desnudez femenina, la provocación y los mitos. Tomemos el strip-tease del guante de Rita Hayworth en *Gilda*. Obsérvese que cualquier razonamiento en esa línea, a pesar de algunos inevitables paralelismos con el aplicado a la condesa Esmeralda Ruspoli, hubiera seguido, irremediablemente, caminos distintos; hubieran entrado en juego el concepto de asimetría, la forma sacrificial de la cruz (sugerida por los brazos extendidos de Rita Hayworth en el instante de consumarse su auto-ofrecimiento sexual y místico), la música que acompaña su acción, la insinuación serpentina de movimientos de danza, la belleza del rostro enmarcado por la aureola de un cabello desafiadoramente ondulante. O tomemos el descenso de las escaleras, junto al río, de Kim Novak en *Picnic*. Ahí, las asociaciones más obvias remiten a las escaleras de los sueños y las pesadillas, desde Abraham hasta Piranesi; a ascensos y descensos por peldaños en montes sagrados, desde las rocas de Externsteine hasta los templos en montañas del Nepal, y, de ahí, a la figura de la Diosa de la Montaña; a verticalidades de templos, desde los menhires hasta las agujas de las catedrales; en una esfera engañosamente más cercana, a las humildes sacralizaciones del cuerpo femenino en las Apoteosis de music-hall; y, también a la presencia, al pie de las escaleras, del héroe que ha descendido el río procedente de lo desconocido.

Si alguien insiste todavía en saber algo de la condesa Esmeralda Ruspoli, considerada como persona individual, puede deducirse que, como Olympia, no era idealmente hermosa. Una belleza extrema, revelada mediante la desnudez, se autojustifica e impone, en mezcla con las sensaciones más elementales de excitación y deseo, una conciencia de inmunidad. La condesa Esmeralda Ruspoli compareció ante un tribunal porque gracias a la magia femenina de un momento inspirado, o a un decorado y un enfoque de cámara inconscientemente geniales, o, por el contrario, lo bastante torpes para dar un realce inesperado y chocante a la belleza, no de un cuerpo, sino de una desnudez de mujer, reveló, una vez más, el poder insumiso de la antigua Diosa, no encarnado en una imagen de perfección anatómica sino expresado, como en *Olympia*, por una mujer individual virtualmente sustituible por cualquier otra, y expuesto en una desnudez que trasciende al cuerpo mismo que se muestra y confirma la universalidad de la Diosa y el poder vigente de las innumerables sacerdotisas que la encarnan. Hay delito, frente al prosaísmo de la virilidad triunfante, cuando la Naturaleza manifiesta una dimensión trascendente, cuando la excitación sexual queda sumergida en una contemplación estética que equivale a una revelación. «Nadie ha levantado mi velo», dice la Diosa, en la tradición griega; pero, en instantes de suspensión del tiempo, la Diosa expresa su sacralidad mediante su exposición corporal. Artemisa dio muerte a Acteón no porque la hubiera visto desnuda, sino por su incapacidad para entender la grandeza de la repurificación divina. Los poetas, los artistas, siguen viendo y elogiando a la Diosa en formas femeninas que, ante la opinión general, pueden parecer insignificantes. Croniamantal, el Poeta Asesinado cuya historia nos narra Apollinaire, sigue proclamando, mientras la chusma lo despedaza, la bondad y la belleza supremas de la desleal, irreflexiva y no especialmente hermosa Tristouse Ballerinette, mientras ésta aplaude, riéndose, la tortura y la muerte de su cantor.

De acuerdo, admiten la Justicia y la Opinión; valgan la angustia y el horror, como experiencia estética, para poetas y otros marginados, valgan para el Lobo Estepario de Hermann Hesse, incapaz de hallar la consumación artística, mística y sexual salvo en la muerte. Pero es inadmisible, añaden, que el culto a la Diosa se haga manifiesto, e incluso turbiamente comprensible, para la generalidad de los humanos, porque eso compromete el orden patriarcal y prosaico de las costumbres, las creencias y las aspiraciones.

La condesa Esmeralda Ruspoli, Lady Godiva transportada a un mundo envilecido, accedió, también ella, al Laberinto del Minotauro, aunque ese Laberinto tomara la forma de pasillos y salas de juzgados, papeleos, torpes alegatos de acusación y de defensa, timbres, sellos, pólizas, instancias, recursos y requerimientos. Incluso desde ese gris laberinto, una inspirada desnudez femenina sigue expresando una sacralidad y evocando otros mundos.

He dicho antes que virtualmente *cualquier* mujer puede erigirse en una epifanía de la Diosa que, desde hace milenios, ofrece su múltiple imagen a la identidad, en un ciclo eterno, entre la vida, el amor y la muerte; y esa identidad, añado, desafía la concepción histórica lineal impuesta por el orden patriarcal. Hay que precisar que *cualquier* mujer puede encarnar ese misterio y ese desafío para *algún* hombre. Una gran belleza o una transfiguración artística permiten que una figura femenina individual despierte a esa verdad no ya a un solo hombre o a unos pocos, sino, en potencia, a muchos, a *cualquiera*; de ahí la peligrosidad del arte cuando representa con reverencia a la mujer. La belleza de una imagen femenina, o, yendo más lejos, la femineidad misma, son, por naturaleza (en todas las acepciones de la palabra), subversivas frente a la supremacía fálica, y un desnudo masculino jamás ha tenido o podrá tener, en una comunidad regida por valores viriles, la fuerza retadora de un desnudo de mujer.

Si alguien me preguntase ahora por qué he singularizado, entre muchas y tentadoras opciones, a la condesa Esmeralda Ruspoli, y pretendiera demostrarme, al mismo tiempo, que, en realidad, su escena de desnudo se redujo a una simple extravagancia pornográfica, podría ya contestarle que, partiendo de una elección hecha al azar de la memoria, esa ignorada actriz, por la exposición desafiante de su carnalidad, por la oferta de una imagen femenina de la que sabemos, cuando menos, que se hizo susceptible de sanción penal, me ha aportado una sugerencia poética que, si no he desarrollado mejor, no ha sido por su culpa, sino por la mía. Ni siquiera he cruzado con ella una mirada, como Dante y Beatriz, o como Stephen Dedalus y la desconocida en la playa; pero, ¿alguien, de no ser yo, se hubiera declarado campeón en defensa, no de la inocencia, sino *de la culpabilidad* frente a un orden virilmente prosaico, de la condesa

Esmeralda Ruspoli? En defecto de una *Divina Comedia*, acéptese al menos, para la condesa Esmeralda Ruspoli, un reto a la *mezquina comedia* cotidiana de la supremacía masculina, una lanza de Ivanhoe estrellada contra el escudo del campeón de los Templarios, esos tortuosos guardianes de los misterios de la masculinidad.

Rebecca, la joven judía por la que combaten Ivanhoe y Sir Brian, ha causado sin ni siquiera alzar un dedo un gran alboroto de reyes, grandes maestres, heraldos, caballeros y paladines en liza, demasiado absortos, todos ellos, por un torbellino de galopadas, lanzadas y revuelos de espadas, hachas y mazas de combate para caer en cuenta de que rinden homenaje, una vez más, a la Diosa del amor y la muerte, que presidiendo, como le es propio, el mundo de la auténtica aventura, ha tomado ahora la forma de una hermosa hechicera encadenada a la estaca de una pira.

Sería injusto negar a los hombres el derecho a combatir bajo una inspiración nocturna y lunar. Rebecca encadenada, nueva Andrómeda, es la doncella cautiva del Dragón en la Montaña del Tesoro, y su imagen nos abre esperanzadoras perspectivas de nuevos campos de batalla. Pero en algún punto hay que interrumpir la historia de la condesa Esmeralda Ruspoli.

¡MUÉRDEME, BÁRBARA!

FERNANDO SAVATER

> *Ven a mí. Bésame. Morirás, pero conocerás un placer que está fuera del alcance de los mortales.*
>
> (La princesa Asa, en
> La máscara del demonio)

Durante bastante tiempo fui al cine con la, a mi juicio sana, intención de provocar y padecer orgasmos. Por supuesto no aspiro a ninguna patente de originalidad, porque en la España franquista el recurso era el único al alcance de la mayoría de los estudiantes que vivían con sus escrupulosas familias. ¿Quién no ha oído hablar de «la fila de los mancos»? Tampoco puedo atribuirme la envidiable capacidad de seducir al amparo de las sombras a damas y damiselas, como no dudo que hacía mi amigo Guillermo Cabrera Infante, según cuenta en su estupendo *La Habana para un infante difunto*. Yo, a la señorita, previamente convencida, solía llevarla puesta; ella, en cambio, no llevaba las bragas puestas, sino guardadas en el bolso. Eran, ya digo, otros tiempos y otros hábitos, malos hábitos que no nos convertían precisamente en monjes. Los esclavos se liberan cuando son manumitidos o manometidos: y hasta la esclavitud beaturrona y ñoña del franquismo servía para acuciar la simpática propensión juvenil al vicio. Aunque se enfade Paul Nizan, estoy dispuesto a permitir a cualquiera la afirmación de que los 20 años son una edad particularmente envidiable de la vida; y los 17, para qué hablar.

No faltaban problemas, por descontado. En mi caso, el bicornuto dilema entre concupiscencia y cinefilia. Si de lo que se trataba era de echar una mano y de que se la echasen a uno, cualquier película servía. De hecho, cuanto menos interesado se estuviese en la pantalla, mejor podía aprovecharse la oscuridad. Lo propio, pues, era ir a ver cualquier españolada de las «graciosas» o quizá una de arte y ensayo: quien no requiera distracción bucal y manual para soportar una delicia de Antonioni es que ha nacido inapetente. Por otro lado, ¡había tantas películas que uno quería *realmente* ver! Estando sueltos por las pantallas John Wayne, James Stewart y Richard Widmark era un poco humillante que le pillasen a uno haciendo cola para admirar a Jean-Louis Trintignant o a Cassen. Además, como las tardes de asueto son limitadas, amenazaba el peligro de quedarse sin la película deseable. Punzante metáfora de la cosa misma de la vida y del tiempo, ¿no?, lo de ir a un cine y que ya no pongan la película que queríamos ver. La muerte será entonces como un cambio *total* de cartelera...

Postrimerías aparte, el caso es que yo —en el dilema mencionado entre lo rijoso y lo fílmico— optaba por las dos cosas, superpuestas. No saber nunca renunciar del todo a nada: la maldición mágica de mi vida. Íbamos pues a ver lo mejor de lo mejor, qué se yo, *Valor de ley* o *Drácula, príncipe de las tinieblas*. Aprovechando con furioso entusiasmo el «No-Do» y el cortometraje inicial, cuando por suerte lo había, despachábamos lo más perentorio del negocio de la carne. Después, rugía el león de la Metro o sonaba el *gong* de la Hammer y la atención se concentraba en la pantalla. Pero no siempre la simbiosis de deleites resultaba tan controlable. A veces, el viejo topo de la pasión no se conformaba y se le iba a uno media película entre sobos y gemidos. Recuerdo una jornada memorable que me privó de ver a gusto *Los comancheros* y sin embargo, créanmelo, mereció la pena. De tales ocasiones guardo sorprendentes fijaciones eróticas en escenas que para los demás nada tienen de especialmente sugestivos. Al volver a disfrutar antiguas películas gracias al vídeo, de vez en cuando entro en conmoción ante cierta frase o cierto enfoque: «pero si aquí fue cuando, aquella vez, entonces...» Y siento otra vez fundirse en mi boca el húmedo sabor de la fogosa Magdalena, hace tanto transcurrida. He olvidado quizá el argumento y los mejores detalles cinematográficos, testimonio claro de que la primera vez que la vi no la vi porque estaba en otra cosa. Pero en cambio permanecen indelebles la imagen y la voz puntuales que acompañaron cada paroxismo. Las ingles no olvidan, ya se sabe: como contó Kafka, cada cual llevamos nuestra condena escrita con letras imborrables en la carne viva y vivida.

¡MUÉRDEME, BÁRBARA!

Una de las películas de las que guardo mejor recuerdo a este respecto, es decir, una de las películas que recuerdo peor, es *La máscara del demonio* de Mario Bava. ¡Mario Bava! Cada vez que oigo su nombre, se me hace agua la boca... En las muy fascinantes y crueles primeras escenas del film, vistas de reojo mientras me afanaba encarnizadamente por devolver a mi amiga el tierno favor que acababa de hacerme, establecí conocimiento inicial con mi *dama negra* favorita: Barbara Steele. Guardo para siempre el impacto de la escena primordial: las antorchas y dogmáticos ladridos de los inquisidores, los brutales sayones sin alma, las atroces cláusulas de la condena... y los grandes ojos fieros, los henchidos labios que tanto sabrían degustar murmullos sensuales como gritar la maldición profética, la perfecta nariz anhelosa, todo lo que debía servir de tierno acerico a las púas enormes de la máscara. Cuando chaquea el portazo fatídico, presentimos que esas facciones turbadoras, ahora desgarradas por el castigo, han de regresar y que las llagas, si las hay, no harán sino aumentar hasta lo infernal el atractivo de la maltratada: los estigmas de la pasión son condecoraciones altivas de la santa y de la hechicera.

A Barbara Steele, reina del *sabbath*, peligrosa carne de hoguera y de medianoche, la más erótica ofrenda del cine de terror de los años sesenta, suele vérsela encerrada estrechamente con cierta frecuencia. Dentro de máscaras punzantes, dentro de ataúdes y mausoleos o dentro de un sudario de acero, como en *El pozo y el péndulo* de Roger Corman. Siempre destrozada y siempre incólume, siempre putrefacta y rozagante, siempre obligada a la muerte y siempre fervorosamente viva. Cae la losa, se cierra el cepo metálico y parte de uno (parte no desdeñable, parte *relevante* sin duda) queda gustosamente presa con la presa: apretados en lo oscuro, buscando la repisa mullida de esos labios que nos mantendrán eternamente sobre el abismo, sin dejarnos partir ni dejarnos caer.

Es difícil de creer pero Barbara Steele insiste en que llegó al cine de terror empujada no por la vocación, sino por la pura necesidad. Cuando habla de por qué aceptó su papel en *La máscara del demonio* (en 1960) se excusa: «Llevaba dos años sin trabajar y en tales ocasiones una coge lo que sea». Pero luego emplea una expresión que no puede ser casual: «*I did it in a panic*». Había venido no a esta tierra, sino al mar veintitrés años antes, naciendo en un barco que acababa de partir de Dublín hacia Birkenhead. También el Príncipe de las Tinieblas llegó a Inglaterra en barco, tras haber pasado una temporada escondido fetalmente en su ataúd... Al principio quiso ser pintora (¿para retratar a Dorian Gray?), pero luego se resignó a vender su imagen, no a fabricarla. Firmó contrato con la mítica Rank precisamente cuando esta productora, a la que debemos tantos escalofríos deliciosos los amantes de lo macabro y de lo fantástico, agonizaba al final de su decadencia económica, que no artística. Como las oportunidades escaseaban en Inglaterra, Barbara Steele se fue a Hollywood, «vendida» por la apurada Rank a la poderosa 20th Century Fox. Allí tomó bastante el sol al borde de diversas piscinas, rechazó ofertas poco convincentes (o quizá poco convenientes) y se hizo un poco más guapa y un poco más perversa a cada día que pasaba. La hora de su destino iba a sonar, el vampiro se aprestaba a lanzar su llamada... Ni siquiera unos cuantos días de filmación junto a Elvis Presley en *Flamingo Star* la desviaron de lo ineluctable.

Entonces llegó la señal desde más allá de los mares y Barbara vuela a Italia para protagonizar al fin «su» película. Para qué gastar más saliva: la espera Mario Bava. El film se llama de todas las maneras posibles, según latitudes: *Revenge of the Vampire* en Inglaterra, *Mask of the Demon* en Italia y resto de Europa, *Black Sunday* en USA, etcétera. La Steele no sólo es protagonista absoluta, sino que hace dos papeles, el de verdugo y el de víctima, el de perseguidora y el de perseguida. Odia como bruja y ama como doncella, tiene cientos de años y veintitrés: tampoco ella sabe privarse de nada, como me pasa a mí, somos vampiresas gemelas. Una vez puesta la máscara del demonio, ya no es tan fácil quitársela. Roger Corman la descubre en la película de Bava y la empareja con el colosal Vincent Price en *El pozo y el péndulo* y *La tumba de Ligeia*. Y luego múltiples salidas y entradas en la tumba, como esposa demasiado fiel, como esposa infiel, como espectro asesino sin pulso (*Castle of Blood*, 1964), como novia ingenua que lleva el mismo rostro que una muerta que ansía venganza y hasta como bruja quemada mucho tiempo atrás, que resucita para compartir el reparto con Boris Karloff y Christopher Lee (*Curse of the Crimson Altar*, 1968).

No pocas estrellas del género fantástico y macabro han intentado luchar contra su encasillamiento, sintiéndolo como una

¡MUÉRDEME, BÁRBARA!

minusvaloración de su talento. Por lo común han experimentado la amargura de no poder romper el maleficio de aullidos y camposantos, sangre y muecas contorsionadas. Tal fue la fatalidad del propio Bela Lugosi y de Lon Chaney, Jr., así como en cierto modo también de Peter Lorre, Basil Rathbone y muchos más. No se resignaron a no hacer más que lo que hicieron, que es precisamente eso por lo que tanto les amamos. Barbara Steele no es una excepción y confiesa no ser capaz de soportar las películas en las que ha participado (aunque admite que lo pasó muy bien haciéndolas, la muy bruja), esas películas por las que una caterva de morbosos la tenemos puesta en un altar, naturalmente púrpura. Sin embargo, pertenece a la región oscura de la mitología cinematográfica y poco puede hacer para remediarlo. En 1968 se casó con un guionista y escritor, diciendo: «No pienso volver a meterme en otro ataúd en mi vida». Su marido tenía —y supongo que sigue teniendo— por nombre James Poe. ¡Qué Bárbara ésta, para huir de su confinamiento en lo terrorífico decide convertirse en la señora Poe! Como era de esperar, sus restantes apariciones cinematográficas siguen participando del sesgo siniestro, tanto si la atacan los limacos parásitos de *Vinieron de dentro de...* (absurdo título hispánico de *The Parasite Murders*, 1974, la primera y muy curiosa película del gran David Cronenberg), como si se la comen los insaciables peces de *Piraña* (1977). Incluso su propensión claustrofóbica al encierro sigue fomentada, como malvada carcelera en *Caged Heat* (1974) y como demente encarcelada en *The Silent Scream* (1979). Ya lo decía aquel viejo refrán español, doblemente apropiado en este caso: «Lo que en la cuna se mama, en la mortaja se derrama».

Barbara Steele, que no sé si seguirá siendo la señora Poe por la gracia del matrimonio, pero lo será para siempre por bendición de Roger Corman, tiene un *look* inexplicablemente obsceno que va muy bien con el cine terrorífico. «Obsceno», etimológicamente, es lo que se representa fuera de la escena, lo que no debe mostrarse, lo que queremos y no queremos ver: la desnudez palpitante del coito y la putrefacción de la muerte, el esplendor de la carne y su licuefacción abominable. El físico de la señora Poe hace guiños en ambas direcciones, como si quisiera juntamente ponernos cachondos y con piel de gallina. Resulta por ello muy apropiada para representar *dobles* papeles, el uno positivo y el otro negativo, pero ambos potenciándose por su oposición misma y haciéndose *atrayentes* uno a otro. Tiene Barbara un físico esquizofrénico de guarra y mística, de muerta de ganas y de muerta con ganas, algo irresistible. Además, la originalidad casi eslava de su rostro le añade un punto irónico, un si-es-no-es humorístico pero a lo *comic*, no a lo caricatura. Comprendo muy bien que Cronenberg se pasara todo el rodaje de *The Parasite Murders* intentando desnudarla y proponiendo que el limaco se le metiera por donde más pecado había, a lo que ella —perversa hasta el final y además recién casada— opuso numerosas dificultades.

Barbara Steele tiene ahora cincuenta y tres años, yo nada menos que cuarenta y tres. Ella hace poco cine y yo voy poco al cine: para ver películas prefiero el vídeo y para los juegos prohibidos de antaño tengo mejores escenarios. Barbara, nuestro amor es imposible, es decir: eterno. Todos los encuentros ya se han producido y ahora sólo nos queda no serles demasiado infieles. Lo dijo Julio Torri, aquel escritor mexicano que seguía en bicicleta a las niñas a la salida de los colegios: «Como somos en el fondo tan irreales, casi nos basta con el recuerdo».

LA PANTALLA GENERACIONAL

EMILI TEIXIDOR

PARA generaciones de niños y adolescentes de la posguerra española, el cine —cine de barrio, cine de pueblo, cine de estreno capitalino ¡el súmmum!— representó una parte importante de la educación que la rigidez y moralina de los programas oficiales habían desterrado de las aulas. Frente a las dos fuerzas que en aquellos años de racionamiento de alimentos, incluidos los espirituales, y los racionales también, se repartían el mercado, la Iglesia y el Frente de Juventudes, el cine, el cine americano, representó una ventana abierta al mundo, un soplo de libertad. Nada pudieron los censores, las penitencias, los cilicios y la milimetración de la peligrosidad de las películas, contra la fascinación de Hollywood. Y la cerrada disciplina heroica de las consignas falangistas sucumbió ante el ensueño de la fábrica de sueños. Los muchachos de aquellos tiempos tristes, al revés del príncipe benaventiano, aprendimos en la pantalla todo lo que no estaba en los libros. E incluso aprendimos a desconfiar de muchas de las cosas que estaban en los libros.

Por aquellos tiempos, la pedagogía no había llegado a los extremos de perfección maniática a que ha sucumbido en estos últimos años. Ni existían sus poderosos aliados auxiliares como la psicología y sus derivados. No logro recordar una norma expresa y taxativa de prohibición de asistencia de los menores a la sala, excepto en los tablones de la Parroquia. Pero en los pueblos, el sano juicio sabía discernir los menores de edad legal de los inocentes de cualquier edad. Y en mi memoria, o en la de mis compañeros de generación y localidad, la única barrera que existía para conseguir entrar en alguno de los dos cines de mi infancia, era la económica. Pagada la entrada —¿o era media entrada?, ¿y si no lo era, por qué llevo pegado ese billete roto entre los rincones de mi cerebro?— la libertad era total. Era la entrada a otro mundo. Mejor, desde luego. Infinitamente mejor.

Las tardes del domingo —¿era posible imaginar entonces una serie de ocho o diez películas diarias, servidas a domicilio, sin mayor esfuerzo que apretar el mando a distancia?—, conseguido el dinero como fuera, cruzábamos la entrada del Cine Teatro con un sentimiento de plenitud, de anticipación, lo que más adelante conoceríamos como los dulces prolegómenos de un idilio total, de una relación exclusiva. De un intensísimo placer de dos horas. La liturgia de la música que nos acogía desde el vestíbulo y en la sala para atenuar la espera, era siempre la misma. La pobreza de medios intensificaba la religiosidad del ritual. Todavía hoy no puedo escuchar las notas de *Suspiros de España* (¿melodía impuesta por la rama local?) sin volver la mirada atrás y sentir la atracción de aquellos momentos anticipatorios.

Los carteles del vestíbulo. El prestigio del león de la Metro. La cara de Greta Garbo en *Margarita Gautier* y el perfil de Robert Taylor, el señor de las camelias. Es el cartel que más recuerdo, el más recurrente. Los colores son blancos y azules. Y el escote de la Garbo en traje de época, el hombro sobre todo, un hombro liso y limpio como un rodilla o un codo, o el fetichismo de un pie desnudo. Un hombro mucho más sugerente y atrevido, por cotidiano y usual, que el pecho insinuado con levedad de tísica o una boca nada sensual, fría, casi desdeñosa. Era la inteligencia de destacar como objeto erótico refinado una parte que, sin la colaboración del artista y del espectador, hubiera quedado en su ordinaria mecánica corporal. Y el perfil romano del caballero Taylor, una medalla. Los demás carteles se desdibujan fácilmente en mi recuerdo del vestíbulo, escaparate de futuros gozos. Perdura no obstante la satisfacción que el anuncio de próximas proyecciones —y el panteón de pasados éxitos— representaba para mí. Era la tranquilidad de saber que ante el mundo frío, hostil y difícil que sufríamos, la protectora providencia americana no nos abandonaba, que tenía sueños preparados para todos los gustos y para todos los tiempos, que el mundo podía detenerse e incluso estallar en mil pedazos, pero que Hollywood, como el místico paraíso, era invulnerable, invencible e inmortal.

Ronald Colman en el cartel de *Horizontes perdidos*, Greer Garson con sombrerito y lacitos en el cuello en la serie de las Señoras Miniver, incluso Mickey Rooney y Freddy Bartholomew ambos, en solitario o en compañía, siempre bajo la sombra capellanesca o intrépida del Padre Spencer Tracy, eran personajes asexuados, puros. Aunque el peligro de las mieles del compañerismo masculino en internados-reformatorios o barcos de pesca tiñera a veces de maldad ingenua, de inocente perversidad los rostros de pecas anglosajonas y pelos rubios o rojizos de raza aria, de Micky, Freddy y los rapaces del coro de bergantes. No recuerdo peculiaridades como *Muchachas de uniforme* y otras perversiones contrarias, que fueron, más adelante, añadidos culturales a la inocente perversión original.

Pero esa antesala de carteles anunciadores, ampliación muchas veces de los programas de mano que circulaban entre semana por los comercios de la población, ha permanecido en mí como un momento mágico, premonitorio, despensa repleta de placeres fantásticos, seguridad total en el surtido de material para la imaginación, continuidad de héroes y heroínas, cadena inagotable de mundos de celuloide..., cuerno de la abundancia en un mundo de estrecheces y escasedad. Era el momento en que todo era posible. La proyección iba a empezar. Cesaban los suspiros de España y el doble programa del sueño colectivo se iniciaba.

Un humorista ha dicho que al acabar una sesión de cine, cuando tras la palabra FIN se encienden las luces de la sala, los espectadores se miran un poco sorprendidos, como reconociéndose cómplices de haber compartido un mismo sueño. El frío de la calle oscura del final del domingo nos esperaba. Y ésa es la peor perversión de toda las aprendidas en la sala oscura. Que el espacio de fantasía vivido intensamente entre dos bloques de tiempo era mucho mejor que la realidad a la que nos arrojaba brutalmente el THE END final. Que la vida que nos esperaba tras la visión mágica no valía la pena. Era la degradación total de la realidad más inmediata, que no soportaba la comparación con la pantalla.

Nada, ni en la realidad y su carencia de encuadres, ni las personas y su carencia de fascinación idolátrica, ni los grupos y relaciones y su carencia de argumentos, nada soportaba la comparación con la pantalla. La rapidez de las imágenes no era más que la evidencia de la fugacidad del deseo. Acomodarse, simplemente acomodarse a la vida real —«familia, municipio y sindicato», «una lengua, una patria y un caudillo» y «los nueve primeros viernes de mes o los siete u ocho primeros sábados dedicados al corazón de María...»— significaba un esfuerzo penosísimo. Aceptarla, imposible. Ese fue el morbo de Hollywood que por el camino de los ojos derribó tantos castillos. Es la seducción de la fantasía, el poder de los sueños.

Y luego vienen las imágenes. La pervivencia de las imágenes en la memoria. La más antigua es un plano de una película en blanco y negro, perteneciente a un episodio de una serie de cine mudo que reponían periódicamente en el cine de segunda categoría —el parroquial— y cuyo título oscila en el recuerdo entre *Fu Manchú*, *Los misterios de Nueva York* y *La mano que aprieta*. Por las características de la imagen me inclino por una de las dos últimas. Es la primera sensación de miedo físico, de un poder misterioso e invisible que domina al jovencísimo espectador, que le paraliza en la butaca, le coloca el corazón en la garganta y le desgarra entre el imperioso deseo de cerrar los ojos y huir y la fascinación de seguir mirando, de dejarse llevar por la atracción de vacío y muerte que se presenta, como una ceremonia secreta, ante sus ojos. El espectador ha olvidado el argumento, los actores, la situación. Sólo permanece el plano de una habitación subterránea y de un confesionario en primer término. Dos personajes —perseguidor y perseguido o bien verdugo y víctima— descienden con miedo a la estancia secreta. Y del confesionario del primer término se levanta ligeramente la cortina frontal, que cierra la mitad superior de la abertura, y aparece una mano. Es una mano blanca que contrasta fuertemente con el negro intenso de la cortinilla y la oscuridad de los muebles y del ambiente. La mano permanece inmóvil, caída sobre la puertecilla inferior de la caja de madera que cada vez se parece más a un ataúd. La pareja recién llegada gesticula en el fondo de la habitación —amenazas, secuestro, ataduras...— ajena a la presencia de la mano muerta. Y en un momento determinado, cansado de la repetición de los gestos violentos de la pareja todavía ignorante de la existencia de la mano cuya absoluta inmovilidad empieza a ser amenazante, el espectador cae en la sospecha de que aquella mano puede ser la mano de un cadáver. La pálida mano puede pertenecer a una mujer o a un hombre. La pelea o forcejeos de la pareja se acercan al primer término. La mano permanece inmóvil. Pero de un empujón, la chica —o la parte más frágil, la víctima, seguro que una mujer joven— cae sobre la caja-ataúd-confesionario...

El miedo intenso ha impedido recordar al joven espectador la continuación y la resolución de la escena. Sólo la mano, terrible en su quietud, ha quedado en su memoria. Toda la sugestión de una mano muda, cadáver secreto o asesino oculto, víctima o criminal, que se impone a la imaginación como el llamador de la puerta de una casa embrujada. Años más tarde, cuando en plena adolescencia estalló el absurdo escándalo eclesiástico del guante que se quitaba Rita Hayworth en el canto de la seducción de Gilda, el espectador comprendió perfectamente la perversidad del gesto. El estremecimiento producido por una mano blanca surgiendo sugestivamente de un terciopelo negro. El nacimiento del poder de seducción de Venus emergiendo de entre las aguas tenebrosas. El colmo de la perversión. Desnudar un solo detalle y dejar libre a la imaginación para continuar la ceremonia a su ritmo, a su placer, sin imposiciones que la obviedad, como el exceso de iluminación, destruía. La belleza de las manos, la importancia y significación de sus movimientos, el secreto de su lenguaje, el fetichismo de los guantes, una mano vacía, una mano muerta, la mano que aprieta, las medias como guantes complementarios, guantes y medias abandonados, los restos de una orgía, los misterios de Nueva York, Rita Hayworth, la cabellera, oscura como la cortina del ataúd-confesionario, la bofetada de Glenn Ford, el ramalazo del miedo, el secuestro de un sádico, la violencia de un perseguidor-seductor, ¡Gilda!

Quizás por esa oscura y lejana razón al espectador le han interesado más los detalles que la totalidad. Ha elegido en sus años de mirón forzado, como pieza de su museo de imágenes fabricadas, las piernas de Marlene y de Eleanor Powell, los párpados de Bette Davis, la piel de Loretta Young (propietaria también de unos ojos considerables), la sonrisa de June Allyson, la sonrisa y el color de los ojos de Ginger Rogers, el busto de Jane Russell, el peinado a la *garçon* de Louise *Lulú* Brooks y de Claudette Colbert, la cintura de Vivien Leigh, los labios de Joan Crawford, la voz de Jeannette MacDonald, las lágrimas de chica buena dispuesta a perderse de Ann Blyth, las miradas y los gestos entallados de Gene Tierney y Marta Toren, la nariz de Grace Kelly, las cejas de Lauren Bacall, la desnudez paradisíaca de Maureen O'Sullivan y de Fay Wray, la tersura de Dolores Del Río, el hombro, los hombros de Greta Garbo...

Y el perfil de su galán, Robert Taylor. La influencia, o el impacto, el fetichismo en el límite, de ciertos detalles del físico o de la indumentaria de los actores, es de más difícil aceptación por los espectadores. El impacto será más o menos intenso según las inclinaciones de cada espectador, pero nadie puede negar el modelo que para una generalidad del público masculino supusieron en su momento el bigote de Errol Flynn, las camisas de Wallace Beery, el puro de Groucho Marx, los trajes cruzados de George Raft, la sonrisa cínica e inteligente de George Sanders, el uniforme de pequeño lord hermafrodita de Freddy Bartholomew, la mandíbula de Spencer Tracy, la gabardina de Humphrey Bogart, la camiseta sudada de Marlon Bando, el gesto de eterno adolescente perdedor y perdido de James Dean...

A veces, los protagonistas, actores y actrices, quedan inundados, sumergidos en la atmósfera de la película y es difícil destacar un detalle, subrayar un gesto, incluso recordar los nombres. ¿Quiénes fueron los protagonistas de *Las hermanas Brontë*, perdida en el clima sombrío de su drama? ¿Y la primera emoción patriótica y solidaria de *Eran cinco hermanos*, qué nombres propios o artísticos escondía? Ginger Rogers y Fred Astaire, por ejemplo, quedaban siempre subordinados a la disciplina exacta de sus movimientos y perdían poder de seducción personal. Lo mismo, por razones diferentes, ocurría con la pareja Katharine Hepburn y Spencer Tracy. Lo singular era, para gusto del espectador, más propicio al objeto de su deseo. Así la vaciedad grandiosa de una María Montez o de un Victor Mature, monstruos gigantescos, que paseaban su omnipresencia de guardarropía en relatos bíblicos o históricos absolutamente intercambiables, como el decorado callejero que sirve de simple pedestal para las y los peripatéticos. Supremo fetichismo de los cuerpos arrojados a la distancia del pasado, simples objetos de la Historia, intercambiables por otros colosos de similares dimensiones, llámense Hedy Lamarr o Charlton Heston.

Con el tiempo y la frecuentación de otras salas, otros mitos, otras obsesiones, otros fetiches, enterraron esas primeras sensaciones. La irrupción del cine musical —desde las *Melodías de Broadway* a las *Siete novias para siete hermanos*— y del cine francés —los ojos de Michèle Morgan, *«les yeux»*, la nariz de Jean Gabin, los movimientos de ardilla de Arletty...— y del cine italiano —los guantes de Isa Miranda, la gesticulación de Anna Magnani, la mirada de Alida Valli, las piernas de Silvana Mangano en el arrozal, la tristeza de Madonna Pier Angeli, y las manos expresivas de todos sus actores, una fiesta gestual—, todas las invasiones ocultaron esa primera mano inmóvil, criminal o víctima, que no despertó hasta pasados los años.

Un poeta, Josif Brodsky, señala la existencia de un muro transparente entre generaciones, de un telón, no de hierro, sino de ironía, una *ironic curtain*, un intermediario o alcahuete interesado, un velo invisible, impermeable al paso de la experiencia. Sólo un soplo, como máximo, es capaz de atravesarlo. O sea, una pálida aproximación. El espectador cree también en una barrera que podemos llamar pantalla generacional, que impide captar en su plenitud a los jóvenes espectadores de hoy, la experiencia que supuso en su momento, en su exacto momento, la aparición en la pantalla... de una mano inerte, de un hombro inmaculado, de una mirada nueva. Y a su vez, acepta que es muy posible que no capte —aunque a él no se lo parezca— en toda su intensidad la sensación que produce en la actualidad la aparición de la calidez líquida de Kathleen Turner, la gracia felina de Sigourney Weaver, la brillantina de John Travolta o la estudiada marginalidad de Michael Rourke.

Al espectador, lo siento, le queda la ambigüedad de una mano que no señala ni delata. Busca desesperadamente, como Susan, el reencuentro con aquellas primeras emociones. Repite, compulsivamente, el ritual de los suspiros, la espera, la publicidad, los carteles, incluso los trailers. Con la esperanza, nunca vana, de regresar a un mundo siempre mejor acabado que el presente, siempre imagen o sombra o guante de la todopoderosa mano invisible de un paraíso inexistente llamado Hollywood.

LA NOVIA DE ROCCO

ENRIQUE VILA-MATAS

A Gonzalo Herralde

EN aquella fantasmal Barcelona de comienzos de los sesenta, nosotros los alumnos de los maristas del Passeig de Sant Joan —«rebaño modelado a pupitre y a banquillo de reo»— éramos tan inocentes y tan buenos chicos como los hermanos de Rocco, cuando recién llegados a la ciudad trabajaron todo el día quitando la nieve y por la noche tropezaron con la fatalidad.

Nuestra indisciplina de colegiales no iba más allá de las paredes de un cine de barrio, el Texas —milagrosamente todavía en pie—, una de las escasas salas que permitían nuestro acceso a las películas no aptas. Aún no existían los Beatles. Y la fiesta de los jueves se nos antojaba inventada exclusivamente para nosotros, para que pudiéramos acercanos, un día a la semana, al mundo de lo prohibido, a las muchachas de trapecios rojos y a las gatas (calientes) sobre los tejados de zinc. Era el único día en el que aprendiamos algo.

Recuerdo como si fuera ahora mismo la tarde en que me dispongo a ir a ver *Rocco y sus hermanos*, una película que me han dicho que es inmensamente no apta. Es tal mi expectación y excitación que, al salir de casa, anuncio de viva voz que me voy al cine. No tardo en darme cuenta de mi error.

—¿Y puede saberse qué vas a ver tan contento? ¿No será una película no apta?

Tras varios titubeos, acabo saliendo bastante airoso del difícil trance, y encuentro para la película un título adecuado:

—¡Qué va! Voy a ver Rocco y sus hermanitos.

No ha hecho más que empezar la proyección cuando Nadia

(Annie Girardot) es expulsada, con palabras incomprensibles, de la casa de sus padres y se refugia, despeinada y sin preocuparse ni tan siquiera de abrocharse la bata, en casa de los hermanos de Rocco, los Parondi. Su cuerpo jadeante y en parte dejado al descubierto por la corta combinación, impresiona en el acto a Vicenzo, el hermano mayor de Rocco, que es quien le abre la puerta y se queda sorprendido e inmóvil ante la aparición de esa serpiente, de esa mujer.

—No la había visto antes. ¿Vive en la escalera? Oh, pero haga el favor, pase. Mi madre le dará algo para que se abrigue.

Pero quien ha quedado más impresionado, conmocionado para siempre, rotundamente inmóvil, soy yo. Estoy viendo una combinación. Y se trata, además, de una combinación extremadamente corta, que deja ver —gran novedad para mí— la totalidad de las piernas de una mujer que va en ropa interior.

Cada uno de los hermanos Parondi tiene delante un plato de lentejas y, con la cabeza inclinada, está limpiándolas de pequeñas piedras y de hierbajos cuando irrumpe Nadia en la casa y con mirada experta pasa revista a cada uno de ellos, de uno en uno, pasa revista a la inocencia. Se trata de una mirada que roza lo criminal. Sólo muchos años después encontré yo una mirada parecida, y será al comienzo de un cuento de Virgilio Piñeira: «Quiero matar a una familia completa. Todos llenos de vida, de ilusiones, de cerveza (...) Quiero matar a una familia completa».

—Buenas noches —les dice Nadia, con su más perversa vocecita.

Y Simone, Rocco, Ciro y Luca levantan lentamente sus cabezas y van descubriendo a la mujer en combinación, y no salen de su asombro y agradable sorpresa, incapaces de sospechar que acaban de tropezar con la fatalidad.

Al otro lado de la pantalla estoy yo, comprobando por qué la película es inmensamente no apta, turbado en mi butaca y sin lentejas que limpiar, alumno de los maristas que, por un acto reflejo, está perdiendo su más elemental inocencia.

—Vosotros debéis ser del Sur —dice Nadia—. Y aquí en Milán, ¿qué hacéis?

Mientras pregunta, inspecciona la cocina de los Parondi, donde están clavados unos recortes de periódicos en los que aparece Vicenzo de boxeador.

—Hoy hemos quitado la nieve —dice un Rocco angelical.
—¡No! ¡Qué ocurrencia! —comenta Nadia riéndose.
Y yo pienso que esa risa podría ser para mí. Para mí solo.
—Nos llevó él —interviene Simone (Renato Salvatore), mirando con reproche a Vicenzo—. Hace un mes que estamos aquí. Aún no hemos encontrado trabajo fijo.

Nadia pronuncia entonces unas palabras que aceleran, tanto en mí como en Rocco y en sus hermanos, nuestra insensata alegría ante la lencería de la destrucción.

—Unos chicos tan guapos y tan listos como vosotros encuentran lo que quieren. Basta con moverse. Por cierto, ¿quién de vosotros es el boxeador?

A un amigo le llamaron en cierta ocasión guapo y listo, y se lo creyó, y persiguió por medio mundo a la mujer que se lo había dicho, porque deseaba volverlo a oír. Se suicidó en Macao, el verano pasado, arruinado y sin salud. Yo sé que es una tragedia que le llamen a uno guapo y listo, y creérselo. Hace daño y destroza familias completas.

Simone, futuro boxeador que caerá noqueado por Nadia, ensaya cara recién estrenada de guapo y listo, y señala a Vicenzo y aclara que éste boxeaba pero que lo ha dejado. La madre dice que Simone y Rocco son más fuertes que Vicenzo y que ellos sí que podrían llegar a campeones.

—Vosotros —les dice la madre— moveros por vuestra cuenta, no esperéis a que Vicenzo os lo arregle todo. ¿No oís lo que dice la señorita? Tenéis que moveros.

La señorita se mueve, y yo también. Me muevo constantemente en mi butaca, porque intuyo que la madre ha encontrado ya ropa para cubrir a la intrusa. Y así es. Poco después, en un abrir y cerrar de ojos, Nadia se viste y se va. Y la secuencia se dirige hacia su final languideciendo, como si hubieran reducido la potencia de los focos. Se va desvaneciendo lentamente en una discusión familiar, crepuscular. Y hasta las voces se van apagando.

Pero, ¿cómo se te ha ocurrido traerla aquí? —le dice la madre a Vicenzo—. No sabemos quién es, qué ha hecho..

—Es guapa —exclama Rocco, extasiado.

—Tiene piel de gallina —dice la madre—. Sin sal ni pimienta. Pero, ¿cómo miráis a las mujeres? ¿Con qué las miráis?, me pregunto.

—Tiene piel de gallina porque estaba helada —dice Vicenzo.

—No —replica la madre, ya con timbre de voz muy apagado—. Tiene simplemente la piel fea, la piel de las de aquí.

Se va nublando la imagen hasta desvanecerse del todo y dar paso a una nueva secuencia, que no va a interesarme lo más mínimo. Aunque voy a seguir viendo la película, en realidad no voy a ver nada más, porque voy a dedicarme exclusivamente a reconstruir, una y otra vez, incansablemente, la aparición de Nadia en casa de los Parondi.

Todavía hoy, como puede observarse, sigo dedicado a ese ejercicio imaginativo. En realidad, jamás me repuse del todo de la viva impresión que me causaron la lencería y las piernas de la inolvidable Nadia, y sigo viendo, una y otra vez, la película, aunque de ella sólo retengo con nitidez, como en aquel día, esa única secuencia, mientras que el resto son sólo sombras y vagos recuerdos de imágenes carentes, para mí, de excesivo significado: el puente de la Ghisolfa, las breves vacaciones de Nadia y Simone en Bellagio, la violación, la pelea de los hermanos, el llanto de Rocco, la desesperación de Nadia cuando éste renuncia a seguir siendo su novio, Simone matando a Nadia, la destrucción de la familia completa.

Cuando aquella tarde salgo del Texas comienzan para mí horas y días de intensa actividad, de una notable gimnasia mental masturbatoria, que consiste en mejorar la secuencia de la película. Son días de frenética sexualidad manual, de transportar a Nadia de una a otra sábana, de encarnar siempre el papel de Rocco, días de un gran frenesí. Y también de una febril actividad poética que —todo sea dicho—, al resentirse vivamente de mi libertinaje pajero, no produce más que pésimos poemas.

De esos poemas de Nadia sólo conservo uno, el único tal vez merecedor de ser salvado, porque en él hay unos versos en los que, en un momento de lucidez, examino «a la luz de la débil lámpara de mi escritorio» la posibilidad de que en días venideros vayan produciéndose deslizamientos progresivos del placer. Se trata de un poema ciertamente intuitivo, sorprendente en quien trabaja con tan débil lámpara, pero a fin de cuentas, y sea por el motivo que sea, un poema que anticipa lo que va a suceder. Porque, efectivamente, pasan algunos años y a finales de los sesenta se han producido en mí deslizamientos progresivos, y ahora el placer —lejos de la combinación de Nadia y mis veladas oníricas con ella— se ha desplazado hacia «el placer del texto», y soy maoísta y telqueliano y anticonsumista la noche en la Costa Brava en la que, en compañía de varios camaradas, entro en un bar con el Libro Rojo y hablando de la necesidad de incendiar unos grandes almacenes, cuando de repente tropiezo, voy a darme materialmente de bruces contra Annie Girardot (Nadia), que está sentada encima de una mesa del bar, sonriendo, con una copa de champagne en la mano, mostrando sus piernas de cine a la noche voraz de los sentidos, a su marido (Renato Salvatore) y a mí, que quedo tan convulsionado por la inesperada visión que reacciono mirando hacia atrás, acordándome de ella en el Texas y sintiendo una sensación de extravío al ver el discreto trecho que ha recorrido hasta entonces mi vida, y viendo la vía indiferente cuya fuga expresa la irreversibilidad del paso del tiempo e indica que al final sólo queda eso: la mirada hacia atrás que percibe el recuerdo de una combinación extremadamente corta que dejaba ver la totalidad de unas piernas que ahora están en noche de luna llena en la Costa Brava, directamente ante mí.

Por vía muy indirecta pero suficiente, nos invitan a la fiesta que esa noche ofrece en su casa Renato Salvatore (que está trabajando en *El faro del fin del mundo*) en honor de su mujer, recién llegada a la población. Vestido con mis mejores galas de maoísta y en compañía de mis camaradas, acudo a la fiesta muy concienciado; no políticamente, sino concienciado de que voy a hacer todo lo posible para bailar con Nadia, o con Annie Girardot, o como quiera que se llame. Y lo hago también concienciado de que, al igual que en otros tiempos, ella será mi novia si yo logro ser —en este caso no en sueños de paja, sino en la realidad misma— Rocco.

Me dedico a beber desenfrenadamente y, aunque por un lado voy dominando mi preocupante timidez, se agrandan por el otro los motivos de inquietud, pues veo que mis camaradas, también bebiendo y mucho, se están dedicando a actuar como un piquete revolucionario y se han apoderado ya de un alto número de cassettes de Renato Salvatore con la intención de hacer desaparecer cuanto antes tan horrendos símbolos del consumo capitalista. Parecen salidos directamente de *Ninotchka* y

me hacen señales para que me una a ellos en su bolchevique misión. Horror. Yo sólo deseo bailar con Nadia. Pero durante unos minutos colaboro en el saqueo, y acabo siendo sorprendido con varios cassettes por el bueno de Renato Salvatore que, tras pedirme explicaciones por mi extraño comportamiento, me levanta medio metro del suelo y me amenaza con el mismo puño que tanto utilizaba para seducir a Nadia. Manoteando trágicamente en el aire, devuelvo como puedo las cassettes y soy depositado de nuevo en tierra, mientras veo con satisfacción que mi furtivo arresto ha facilitado la labor de mis camaradas, y eso me llena de valor y hace que me acerque a Nadia y le pida su carnet de baile, y que ella, mirando con complicidad a su marido, me saque a bailar y me pregunte quién soy y con quién he venido.
—Con mis hermanos —le digo.
—¿Con quién dices?
—Con mis hermanos. ¿Con quién voy a venir? Hoy hemos quitado la nieve.
—Lo que habéis quitado son las cassettes de Renato, si no me equivoco.
—¡No! ¡Qué ocurrencia! —me río. Pero ella deja de bailar y me pregunta quiénes son mis hermanos, los que tienen el resto de las cassettes.
—Te amo, Nadia. No seas mala conmigo.
—¿Estás muy borracho, no?
—Te he amado siempre —le digo mientras contemplo con absurda incredulidad sus fabulosas piernas, y me acuerdo de la combinación y de las grandes noches que pasé con ella, y me mareo.
—Está muy borracho —le dice a su marido. Y me pisa.
—¿Dónde está el resto de la banda? —me pregunta él.
—No hay banda, sólo hermanos, camaradas, ¿comprendes? Oh, me temo que no me entiendes.
No duramos mucho en la fiesta. A mis amigos, demasiado bebidos, también los descubren y son despojados de todas sus cassettes, y acaban sacándonos a patadas de la casa. Caminamos por el atajo que conduce a la costa y, cuando llegamos al mar, marchamos sin rumbo fijo por la arena, como unos *vitelloni* cualesquiera, y mientras mis amigos hablan de abarrotar el fondo del mar de bienes de consumo y dan patadas furiosas a todo lo que encuentran, yo me quedo pensando de repente en la vida, y

la veo como una novia perversa inventada. Y pienso también de repente —como años antes ya hiciera Faulkner— en la mujer de treinta años, y la veo como símbolo de la eterna y antigua serpiente, y pienso en los hombres que han escrito sobre ella. Y me doy cuenta cabal entonces del infranqueable abismo que existe entre la vida y las narraciones impresas, y comprendo que los que pueden la viven, mientras que aquellos que no pueden hacerlo se limitan a escribir sobre ella.

Greta Garbo: La Flor de Aqueronte

LUIS ANTONIO DE VILLENA

Un arte joven y nuevo tiene el poder de crear mitos. Ocurrió con el cine. Durante sus primeras décadas fue una importantísima máquina de fabricar —y recrear— mitologías. Un vino viejo se vertía en odres nuevos y brotaba un resultado en que novedad y tradición se mezclan, como en todo gran producto de cultura. Hoy la relativa vejez del cinematógrafo parece haber estrangulado la mitogénesis. Sin embargo, es larga ya la lista de las glorias: Marilyn Monroe, James Dean, Monty Clift, Mae West. Chicos destartalados y rubias platino en las que se adivina, junto a la sensualidad, la tragedia. Casi todos son —reconozcámoslo— mitos muertos, ya que la muerte es la aureola y la condición fundamental del mito. Sólo uno de tales mitos cinematográficos ha alcanzado plenamente esa categoría en vida: Greta Garbo, la muchacha sueca, tímida y algo retraída que emigró muy joven y famosa a la meca del cine. Y casi nos sentimos tentados a decir: Pero, *¿vive aún Greta Garbo?* De cuando en cuando, la foto de una mujer estropeada, vieja, delgada, siempre con gafas de sol y sin mirada, nos recuerda que *la divina* arrastra aún una vida voluntariamente oscura en la ciudad de Nueva York y que, por tanto, no ha muerto.* Ello podrá ocurrir en cualquier momento, pero ya no importa, pues Greta habría vivido más de cuarenta años mitificada.

¿Quién fue someramente *miss* Garbo? Greta Gustaffson —nacida en 1905, dice— fue una muchacha de origen humilde que se hizo bastante famosa en su Suecia natal (tras trabajar de dependienta en unos grandes almacenes) como actriz seria de cine y de teatro. Mauritz Stiller, uno de los directores de la célebre productora Svenska, y que después fue a Hollywood con ella, la llevó al cine en 1922, interpretando su segunda película en 1924 —*La leyenda de Gösta Berling*— ya con el nombre artístico de Greta Garbo. En 1926 interpreta su primera película americana, *El torrente* (basada en una novela de Blasco Ibáñez), y enseguida comienza una carrera triunfal, que el *sonoro* a partir de 1930 no eclipsará, convirtiéndola en *la hechicera sueca, la esfinge escandinava,* y modelo de mujer enigmática, misteriosa y terrible, que llevará más lejos y personificará el papel de *mujer fatal* a lo Theda Bara o Alla Nazimova. Los títulos de los films —traducidos de acuerdo a su temática— resultan significativos: *El demonio y la carne, La mujer divina, La mujer misteriosa, Orquídeas salvajes, Tentación, Mata-Hari, Como tú me deseas, Margarita Gautier* o *María Waleska...*

Una película trivial de George Cukor, *La mujer de las dos caras,* que no tuvo excesiva buena crítica, marcó en 1941 el final cinematográfico de la diva en plena gloria. Desde entonces, mito ya, mujer huidiza y frágil, resuena la pregunta: ¿Por qué? o ¿Por quién? El mito se incrementaba apoyándose en los papeles y el estilo que la Garbo había encarnado, y en la circulante leyenda de su ambivalencia, de sus *dos caras.* Ya que si había una Greta sofisticada y refinada, como aparece en *Ana Karenina, La mujer misteriosa* (donde también hace de espía) o *Mata-Hari,* había esa otra mujer quebradiza, de pelo suelto, zapatos planos, y ropa ancha y funcional, como a veces se la descubría, tímida, fuera de los estudios. ¿Había *dos* mujeres? ¿O el mito y el ensalmo de Greta Garbo procede de la unión y fusión de ambas personalidades? O mejor, ¿en qué medida fue Greta una *femme fatale*?

En primer lugar había un rostro y una figura —inexpresivos en su extrema juventud— que los años, hasta la madurez, volvieron penetrantes y extraños. La Garbo *clásica* (pensemos en la intérprete de *Susan Lenox* o de *Grand Hotel,* tenía veintiséis y veintisiete años y un aire que hoy no aplicamos a la juventud) era una beldad geométrica, tallada a buril, pero a más de hermosa, o por encima de la hermosura, *inquietante.* Ojos de bellísima tristeza enigmática, rasgos serenos, regulares y una boca delineada y fría, no exenta, al tiempo de sensualidad. ¿Cómo funcionaba la mezcla? Desconcertando y atrayendo. Garbo magnetizaba, y magnetiza. Se diría que guarda un secreto, que lleva en sí un enigma, dolorosa, suavemente. De una elegancia delicada, reflexiva y un tanto crispada —como si pudiese gemir de repente— su figura alta, tiene algo de presencia evanescente. No parece difícil decir que la materia prima de Greta Garbo se asienta en contradicciones.

La *femme fatale* típica es misteriosa, pero su incertidumbre tiene algo sexual. Como en la frase de Wilde, estamos tentados a afirmar que la vamp es una *esfinge sin secreto*. Garbo hizo ver —o notar— junto a la cualidad carnal de su misterio, que había otra cosa: Un arcano anímico, no importaba cuál; algo como un aroma de turbación la aureolaba. La fragilidad segura de sí misma. Algo divino, si pensamos que algunos dioses primitivos —y el hermafrodita— son duales. No hay por qué demorar más uno de los caracteres que siempre se sospecharon constitutivos de Greta: el lesbianismo, o al menos un aura sáfica. Es verdad que su productora, la Metro, le inventó y preparó romances masculinos, que ni fueron duraderos ni parecieron prender fuerte. Acaso el más sonado fue el que la vinculó con John Gilbert, galán con fino mostacho del cine mudo, compañero de la actriz en varias películas (por ejemplo, en *El demonio y la carne*) y quien, según todos los síntomas, sí estuvo de veras enamorado de ella. Hubo un corto flirteo, fotos, suposiciones, y muy pronto la evidencia de que Garbo había rechazado a Gilbert.

En los años veinte o treinta (aunque fueron tiempos de gran auge cultural del safismo) una productora de cine popular no podía divulgar las *desviaciones* sexuales de sus estrellas. Ya es mucho que la Metro aceptase la aparente soledad y *rareza* de *miss* Garbo: Probablemente porque vio en ese misterio una parte constitutiva y gananciosa del reciente mito. Greta Garbo era un *misterio*, como las amazonas, aunque en Hollywood se hablase sin tapujos de su romance con la escritora Salka Viertel, y aunque se supiera —después— que su pareja más estable fue una española llamada Mercedes Acosta, *amiga* oficial —sin connotaciones sexuales para el público de la actriz sueca—.

Se ha dicho que, en sus películas, las mujeres ven a Greta Garbo como un hombre (no hablamos de aspecto físico, sino de aire seductor), mientras que los hombres la siguen percibiendo como mujer. Una duplicidad suficiente para doblar todo encanto. Porque lo cierto es que nuestra dama nada tiene de hombruno (como sí lo tenían Gertrude Stein o Vita Sackville-West), bien que la más atractiva homosexualidad femenina se apoye en una indagación de la propia femineidad y por tanto en el abandono de lo masculino. ¿Fue Greta de esa clase? ¿Una fémina redoblada? Verdad es que su atractivo parece sobrepasar las barreras de la sexualidad, o poseer —sin excluirse— ese *gancho* que ofrecen para la *normalidad* las conductas apaciblemente heterodoxas. Por ello Greta Garbo (que indudablemente era buena actriz) resulta tan convincente en *Cristina de Suecia*.

La película fue dirigida en 1933 por Rouben Mamoulian, y en el guión intervino Salka Viertel. Basada en un suceso apócrifo de la vida de la reina sueca que viajó al sur, en el siglo XVII, desertó de su país y reunió una importantísima colección de escultura clásica, en el film no se alude nunca a la posible homosexualidad real de esa reina (es más, la trama se basa en su peripecia amorosa con el embajador español, Don Antonio), pero Cristina, soltera, es una mujer libre, que concluye abandonando su reino y que pasa buena parte de la acción vestida de hombre. Mujer independiente y decidida (nada virago), la imagen de Cristina de Suecia juega evidentemente con la ambigüedad y la leyenda oscura de Garbo. Pocas veces una actriz ha sido tan *ella* como en los planos finales de esta película lo es Greta. Acodada en la proa del barco que la exilia de su país, con el viento acariciando su cara y su cabello, vestida casi de hombre y con la melancolía en el rostro de quien acaba de saber la muerte de su amado; si vemos una foto o la secuencia detenida, observamos a una mujer ajena al argumento. Esa reina Cristina es Greta Garbo, y la suave tristeza de su bello rostro es la expresión misma de su mito. Hablaríamos de una tristeza sin porqué, de una nostalgia romántica que consiste —parece— en sentirse insatisfecha de la vida. Diríamos que es una mujer no de este mundo, alguien a quien la realidad —o su realidad— no satisface. La película fue uno de los grandes éxitos de la actriz. Decía un crítico de aquellos días: *Tan hechicera como siempre, la Garbo consigue conservar su insondable misterio.* ¿Radicaba el enigma en su ambigüedad sexual o en los tintes característicos de una forma especial de la pasión romántica? Algún amor romántico —sino el que pudiéramos llamar así por excelencia— se basa en la contemplación y la renuncia. La pasión debe arder, pero no provocar llamaradas. Debe existir un algo inalcanzable, bien que no podamos conseguir o que, por amor, hayamos renunciado a ello. ¿A qué renunció Greta, mientras era estrella en ejercicio? ¿A su vida más íntima? Siendo vamp de una manera heterodoxa —vampiresa psíquica—, parece que otro de los rasgos sémicos de Garbo es que también era lo que no aparentaba. Como Cristina de Suecia. La actriz adorada por el público, la mujer enigmática y fatal, la dama refinada o arrastrada de muchas de sus películas, anhelaba ser otra mujer oscura, uno de tantos seres que vive su pasión no para la galería. Garbo que tiene algo de excepcional, raro, excluyente, desea ser una persona anónima. Era tímida —sabemos— y nunca llevó vida de *estrella*. ¿Esta querencia de *normalidad* era la que le prestaba un aspecto de huida? Vémosla en la melodramática *Margarita Gautier* (1936) de George Cukor. Tosiendo o rendida a Armando Duval, sus ojos —la parte esencial de su misterio— siempre dicen que está en otra parte. Su mirada quiere irse. Se fuga, y ello es así en casi todas sus películas. No quiere ser quien es. Le asusta el mundo. Necesita escapar de su condición y de sus días. ¿Tuvo esto algo que ver con su deserción final? Sin que hubiese motivos aparentes, en pleno éxito, Greta Garbo abandonó para siempre —en 1941— la fama y el estrellato. ¿Quiso vivir esa vida anónima que parecía añorar? ¿Precisó hacer el gesto real de que se escapaba para tener, al menos, una auténtica sensación de huida? El mito mejor no existe sin la muerte —Marilyn, James Dean—, y la retirada de Garbo fue el equivalente de esa muerte. Murió, estando viva, para que los dioses la quisieran más. ¿Lo presintió así o lo supo? ¡Cuanta pasión piden sus ojos! ¡Cómo claman por que hagamos algo en su favor! ¡Qué etérea desdicha vive en su mirada! Como en los dramas simbolistas, como una heroína de Villiers de l'Isle-Adam o de Maeterlinck, se diría que su amor está lejos, ajeno, y que nada de esta tierra sacia o tranquiliza sus ojos... ¿De qué se fugó continuamente Greta Garbo? Pareció una flor nacida junto a las riberas de un río del Infierno. Siempre una *Princesa lejana*.

Muchos han pensado que la belleza de la actriz era fría. Unas líneas elegantes y precisas, carentes del fuego de la sexualidad. Un aire polar como el que uno imagina en las tierras nórdicas. Y sí, algo hay gélido en Garbo. Mirémosla en *Mata-Hari* disfrazada de danzarina javanesa. Sus finos trazos tienen —además de la allendidad— una glaciación angélica. Pero, ¿el frío no atrae? La belleza fría no provoca convulsiones, más tiene el atractivo de lo que parece continuamente imposible. Para algunos más, la frialdad de Greta tiene algo que ver con la asexuación, y nosotros decimos que ésa es otra cualidad del ángel. Además, ¿no hay un morbo en lo asexuado para quien contempla, portador de sexo? Garbo posee el encanto de lo querubínico. La frialdad que se vuelve razón de reclamo. La carencia de sexo que se torna forma de la sexualidad no codificada.

Fue famoso que en *Ninotchka*, la película antisoviética de Lubitsch —y penúltima de las que interpretó la actriz—, Greta reía. Hay una escena de una abierta carcajada en la que nuestra dama, de algún modo, está irreconocible. La risa no es angélica, el reír —parece— nos la aproxima. Greta Garbo es un mirar sereno, una actitud escapada, un aire de intangibilidad, de no haber sido nunca jamás tocada. Como una Santa Juana de Arco, papel en el que también hubiera dado su talla. Pero el conflicto sigue estando en lo contradictorio. ¿Cómo es posible que la lejanía, el hielo, la distancia, lo angélico, atraigan? Porque lo cierto es que Garbo —por eso fue, a su modo, una *mujer fatal*— atrae, despierta concupiscencia, pero no una llama cualquiera. No tiene carne. La pasión que inicia es levemente vampírica. ¿No hablamos de *vampiresa*? En ese sentido Garbo lo fue más que ninguna. Parecía un alma. O una dama traslúcida, de fino cristal, que anda por los salones elegantes buscando sus presas. ¿La vampiresa no posee en los ojos la melancolía de quien no ha sido feliz? En *María Waleska* (1937) cuando Garbo se reclina por detrás, besándole la cabeza, sobre un abatido Napoleón / Charles Boyer, los párpados de la actriz parecen, en su belleza, levemente caídos, como cansados, acentuando fuertemente la atracción y sensación melancólica. Los vampiros no son felices. Poseen la honda desdicha de su exilio. Claman por un mundo del que salieron o en el que no son admitidos. Todo vuelve a coincidir con Greta, ella parece pertenecer a un reino, especialmente femenino, del que salió quizá para dedicarse a la escena. Pero en su ensalmo melancólico y frígido hay sexo. Quintaesenciado y metafísico, atrae con algo de imposibilidad y de bizantino. Su enigma no está en la asexualidad, aunque parte de ese carácter —como a un ser celeste— la conforme. Garbo atrae pero no enciende. Muchas veces sus ojos geniales y levemente pesarosos diríase que van a echarse a llorar. Mujer que desdeña o aleja —sin alejar— a los hombres. Fría que excita. Romántica que renuncia. Ser que quiere huir, que se entrega a la vida sin amarla, *mujer fatal* que no pone el acento en la protuberancia o adorno físico ¿dónde está la atracción de Greta? En resolver en una imagen bella y seductora —lo dije—, un amasijo casi imposible de contradicciones.

¿Fue Greta *dos* mujeres? Me parece evidente. O mejor, una mujer de cinco caras, ninguna de las cuales descansaba en la de al lado. Se diría una lesbiana que no escondió el sol a los hombres, una vampiresa que puso su sortilegio en la mente, una vividora que siempre quería estar en otra parte. Una transgresora que se aprovechó de la moda de las gafas negras. Una beldad que no quería ser vista.

Pero nos quedan dos preguntas para resolver: ¿Dónde está la perversidad de Garbo? Y ¿por qué es un mito? Perversión no es necesariamente maldad, y el encanto malsano de la estrella está en su lejanía. Perversión requiere transgresión, y Greta Garbo transgrede por imposible. Su tono inalcanzable, su falta absoluta de cotidianeidad, su sensación de icono, de joya, de gema que adorna y hiela, son su desafío. Greta es *perversa* porque nos parece siempre estar frente a la vida, incluso el par de veces que interpretó comedia. El hechizo de Garbo tiene que ver con el fin de siglo. Es como un más allá, como una incitación, un descontento que nunca cesa...

¿Su imagen que prefiero? En *Grand Hotel* (1932), sentada en el brazo de un sillón de seda, con una lánguida bata de lamé; las manos juntas, la frente elevada, el pelo recogido, parece uno de los arcángeles de la Anunciación. Como si en el llanto fuera posible la alegría. O con la sensación andrógina y de mirada al infinito que sacralizó Leonardo. ¿Greta leonardesca? Tiene, como *Monna Lisa*, la sonrisa y la tristeza que trascienden la vida. ¿No son todos estos rasgos bastantes al mito? Garbo fue mito porque nos realizaba sin tocarnos, porque nos hablaba sin pertenecernos, porque daba figura y emblema a muchas de nuestras más recónditas aspiraciones. El héroe lleva lo cotidiano a su realización extrema, el mito recorre tierras que no están en la tierra. El mito habla de una lejanía en la que hemos puesto alguno —o muchos— de nuestros deseos. Y ella encarnó lo máximo: La mujer no mujer, la diosa imposible. La nostalgia eterna que condena al ser humano. Y además murió al irse, desoyó la voz de la gloria —tan nuestra en el fondo, tan cercana—, y nada amamos tanto como la renuncia, el sacrificio, el perdedor que lo es porque, alguna vez, ha vencido. Y todo en una gran artista. Eso es el mito Garbo: Renuncia, derrota e imposible. Pero no puede haber mito (de mujer y cinematográfico) si no hay al tiempo belleza. Más, ¿quién habría acusado a Garbo de no tenerla? Muchos de sus rostros sirven de cartel en la habitación fetichista. Nos dice —vayamos donde vayamos— que no hemos llegado todavía. Tiene nieve y sangre, como las mágicas leyendas de otra Edad Media...

* Greta Garbo murió el 16 de abril de 1990, estando este artículo en imprenta.

ÍNDICE ALFABÉTICO

A

Abbott, Bud, *87*
Aborígenes australianos, *118*
Abraham, *128*
Abrazo de la muerte, El (*Criss Cross*, 1949) de Robert Siodmak, *32*
Acosta, Mercedes, *165*
Adónde fue el amor (*Where Love Has Gone*, 1964) de Edward Dmytryk, *57*
A Foreign Affair, v. *Berlín-Occidente*
African Queen, The, v. *Reina de África, La*
Agárrame ese fantasma (*Hold that Ghost*, 1941) de Arthur Lubin, *87*
Aldrich, Robert, *47*
Al final de la escapada (*À Bout de Souffle*, 1959) de Jean-Luc Godard, *73*
All About Eve, v. *Eva al desnudo*
Allen, Woody, *44*
Allyson, June, *147*
Alma en suplicio (*Mildred Pierce*, 1945) de Michael Curtiz, *30*
Alma rebelde (*Jane Eyre*, 1943) de Robert Stevenson, *88*
Al margen de la vida (*Flesh and Fantasy*, 1943) de Julien Duvivier, *13*
Almodóvar, Pedro, *43*
Almuerzo en el taller, El (Édouard Manet), *122*
Amargo té del General Yen, El (*The Bitter Tea of General Yen*, 1933) de Frank Capra, *12*
America, Paul, *55*
Anabel (1963-1964) de Pedro Olea, *91*
Ana Karenina (*Anna Karenina*, 1935) de Clarence Brown, *164*
Anderson, Judith, *87, 88, 90, 91*
Andrews, Dana, *29*
Andress, Ursula, *73*

DIABLESAS Y DIOSAS

Ángel Azul, El (Der Blaue Engel, 1930) de Josef von Sternberg, *19, 20, 21, 23*
Angeli, Pier, *89, 100, 149*
Anna Karenina, v. *Ana Karenina*
Another Man's Poison (1952) de Irving Rapper, *45*
Apollinaire, Guillaume, *129*
Aprà, Adriano, *55*
Arizona (Destry Rides Again, 1939) de George Marshall, *23*
Arletty, *149*
Arnoul, Françoise, *100*
Around the World in 80 Days, v. *Vuelta al mundo en 80 días, La*
Así como eres (Cosí come sei, 1978) de Alberto Lattuada, *101*
Astaire, Fred, *148*
A Stolen Life, v. *Una vida robada*
Astor, Mary, *32*
As You Desire Me, v. *Como tú me deseas*
Atrapa a un ladrón (To Catch a Thief, 1955) de Alfred Hitchcock, *106, 111*
Atwill, Lionel, *19*
Aulnoy, Marie Catherine, condesa d', *119*
A Woman of Paris, v. *Una mujer de París*

B

Baby Face, v. *Carita de niña*
Bacall, Lauren, *148*
Bad and the Beautiful, The, v. *Cautivos del mal*
Bad Sister (1931) de Hobart Henley, *47*
Bain Turc, Le (Ingres), *121*
Baker, Carroll, *73*
Ballenas de agosto, Las (The Whales of August, 1986) de Lindsay Anderson, *47*
Ball of Fire, v. *Bola de fuego*
Bankhead, Tallulah, *45*
Bara, Theda, *51, 53, 61, 164*
Bardot, Brigitte, *61, 63-83, 100, 118*
Barreras infranqueables (Bordertown, 1935) de Archie L. Mayo, *43*
Barrie, Sir James Matthew, *95*
Barrymore, John, *97*
Barthelmess, Richard, *41*
Bartholomew, Freddie, *145, 148*
Bates, Barbara, *46*
Bava, Mario, *137, 138*

ÍNDICE ALFABÉTICO

Baxter, Anne, *46*
Beatriz Portinari, *98, 130*
Beery, Wallace, *148*
Bennet, Joan, *33, 72*
Bergman, Ingrid, *54*
Bergner, Elizabeth, *45*
Berlín-Occidente (*A Foreign Affair*, 1948) de Billy Wilder, *23*
Beyond a Reasonable Doubt, v. *Más allá de la duda*
Beyond the Forest, v. *Más allá del bosque*
Birds, The, v. *Pájaros, Los*
Birkin, Jane, *100*
Bitter Tea of General Yen, v. *Amargo té del general Yen, El*
Black Sunday, v. *Máscara del demonio, La*
Blasco Ibáñez, Vicente, *164*
Blaue Engel, Der, v. *Ángel Azul, El*
Blonde Venus, v. *Venus rubia, La*
Blow-Up (*Blow-Up*, 1966) de Michelangelo Antonioni, *100*
Blyth, Ann, *30, 148*
Bogart, Humphrey, *22, 148*
Bola de fuego (*Ball of Fire*, 1942) de Howard Hawks, *12*
Bordertown, v. *Barreras infranqueables*
Borgia, Lucrecia, *117*
Bosque petrificado, El (*The Petrified Forest*, 1936) de Archie L. Mayo, *44*
Botticelli, Sandro, *101*
Boyer, Charles, *13, 168*
Boys Night Out, v. *Una vez a la semana*
Brando, Marlon, *54, 148*
Broadway Melody, v. *Melodías de Broadway*
Brodsky, Josif, *149*
Brody, Louise, *52*
Bronzino, *117*
Brook, Clive, *22*
Brooks, Louise, *147*
Browne, Sir Thomas, *118*
Brute Force (1947) de Jules Dassin, *33*
Büchse der Pandora, Die, v. *Caja de Pandora, La*
Buñuel, Luis, *91, 100*

C

Cabaret (*Cabaret*, 1972) de Bob Fosse, *21*
Cabin in the Cotton, v. *Esclavos de la tierra*

Cabrera Infante, Guillermo, *96, 135*
Caduta degli Dei, La, v. *Caída de los dioses, La*
Caged Heat, v. *Cárcel caliente, La*
Cagney, James, *28*
Caída de los dioses, La (*La Caduta degli Dei,* 1969) de Luchino Visconti, *21*
Cain, James M., *60*
Caja de Pandora, La (*Die Büchse der Pandora/Pandora's Box,* 1929) de Georg Wilhelm Pabst, *112*
Callejón sin salida (*Dead Reckoning,* 1947) de John Cromwell, *32, 34*
Camille, v. *Margarita Gautier*
Canción de cuna para un cadáver (*Hush... Hush Sweet Charlotte,* 1964) de Robert Aldrich, *47, 90*
Cantar de los cantares, El (*Song of Songs,* 1933) de Rouben Mamoulian, *19*
Capitán Jones, El (*John Paul Jones,* 1959) de John Farrow, *44*
Capricho imperial (*Scarlet Empress,* 1934) de Josef von Sternberg, *19, 20*
Cárcel caliente, La (*Caged Heat,* 1974) de Jonathan Demme, *139*
Cardinale, Claudia, *73*
Carita de niña (*Baby Face,* 1933) de Alfred E. Green, *11, 12*
Carne y fantasía, v. *Al margen de la vida*
Carpetbaggers, The, v. *Insaciables, Los*
Carrel, Dany, *100*
Carrol, Lewis, *101*
Carroll, Madeleine, *72*
Carta, La (*The Letter,* 1940) de William Wyler, *40*
Cartero siempre llama dos veces, El (*The Postman Always Rings Twice,* 1946) de Tay Garnett, *31, 33, 53, 55, 58, 59, 60*
Cassen, *136*
Cat and the Canary, The, v. *Gato y el canario, El*
Cautivos del deseo (*Of Human Bondage,* 1934) de John Cromwell, *43, 53*
Cautivos del mal (*The Bad and the Beautiful,* 1952) de Vincente Minnelli, *59*
007 contra el Dr. No (*Dr. No,* 1962) de Terence Young, 73
Chaka, *120, 128*
Chaney, Lon, Jr., *139*
Chaplin, Charles, *95, 96, 97*
Charrier, Jacques, *71*
Chico, El (*The Kid,* 1921) de Charles Chaplin, *95, 96*
Citizen Kane, v. *Ciudadano Kane*
Ciudadano Kane (*Citizen Kane,* 1941) de Orson Welles, *90*
Clift, Montgomery, *54, 163*

Clutching Hand, The, v. *Mano que aprieta, La*
Colbert, Claudette, *148*
Colman, Ronald, *145*
Comancheros, Los (*The Comancheros*, 1961) de Michael Curtiz, *136*
Come September, v. *Cuando llegue septiembre*
...como ella sola (*In This Our Life*, 1942) de John Huston, *47*
Cómo matar a la propia esposa (*How to Murder Your Wife*, 1964) de Richard Quine, *73*
Como tú me deseas (*As You Desire Me*, 1932) de George Fitzmaurice, *164*
Concert Champêtre (Giorgione y Tiziano), *122*
Con la muerte en los talones (*North by Northwest*, 1959) de Alfred Hitchcock, *106, 111*
Conquest, v. *María Walewska*
Conquista del Oeste, La (*How the West Was Won*, 1962) de John Ford, Henry Hathaway y George Marshall, *73*
Cooper, Gary, *22*
Corman, Roger, *137, 138, 139*
Cosí come sei, v. *Así como eres*
Costello, Lou, *87, 88*
Cotten, Joseph, *88*
Coward, Noel, *97*
Crain, Jeanne, *31*
Crane, Stephen, *56, 57*
Crawford, Joan, *30, 47, 52, 148*
Crepúsculo de los dioses, El (*Sunset Boulevard*, 1950) de Billy Wilder, *45*
Criss Cross, v. *Abrazo de la muerte, El*
Cristina de Suecia (*Queen Christina*, 1933) de Rouben Mamoulian, *166*
Cronenberg, David, *139, 140*
Cuando llegue septiembre (*Come September*, 1961) de Robert Mulligan, *73*
Cuarto mandamiento, El (*The Magnificent Ambersons*, 1942) de Orson Welles, *90*
Cuervo, El (*This Gun for Hire*, 1942) de Frank Tuttle, *30, 34*
Cukor, George, *164, 167*
Cummings, Peggy, *31*
Curse of the Crimson Altar, The (1968) de Vernon Sewell, *138*

D

Dall, John, *31*
Dama de Shanghai, La (*The Lady from Shanghai*, 1948) de Orson Welles, *32*

Dangerous (1935) de Alfred E. Green, **40, 53**
Dante Alighieri, **98, 130**
Davis, Bette, **35-48, 52, 53, 105, 112, 147**
Day, Doris, **74**
Deadly Is the Female, v. *Demonio de las armas, El*
Dead Reckoning, v. *Callejón sin salida*
Dean, James, **54, 148, 163, 167**
Dear Brigitte, v. *Querida Brigitte*
de Banzie, Brenda, **105**
De Carlo, Yvonne, **32, 73**
Dee, Sandra, **57, 73**
De Havilland, Olivia, **47**
Déjeuner sur l'herbe, Le (Édouard Manet), **121-122, 123, 126**
Demonio de las armas, El (*Gun Crazy/Deadly Is the Female*, 1949) de Joseph H. Lewis, **31**
Demonio y la carne, El (*Flesh and the Devil*, 1926) de Clarence Brown, **164, 165**
Deslizamientos progresivos del placer (*Glissements progressifs du plaisir*, 1973) de Alain Robbe-Grillet, **101**
Destry Rides Again, v. *Arizona*
Devil is a Woman, the, v. *Diablo es una mujer, El*
Diablo dijo no, El (*Heaven Can Wait*, 1946) de Ernst Lubitsch, **20**
Diablo es una mujer, El (*The Devil Is a Woman*, 1935) de Josef von Sternberg, **19**
Dietrich, Marlene, **17-23, 52, 53, 60, 72, 111, 147**
Diez Mandamientos, Los (*The Ten Commandments*, 1956) de Cecil B. de Mille, **88**
Dishonored, v. *Fatalidad*
Divine Woman, The, v. *Mujer divina, La*
Dr. No, v. *007 contra el Dr. No*
Domani è troppo tardi, v. *Mañana será tarde*
Donde el círculo termina (*The Scapegoat*, 1959) de Robert Hamer, **43**
Double Indemnity, v. *Perdición*
Douglas, Kirk, **11, 59**
Drácula, príncipe de las tinieblas (*Dracula*, 1958) de Terence Fisher, **136**

E

Eagels, Jeanne, **11**
Éden et après, L', v. *Edén y después, El*
Edén y después, El (*L'Éden et après*, 1970) de Alain Robbe-Grillet, **101**
Egoísta, La (*Payment on Demand*, 1950) de Curtis Bernhardt, **43**

Eisenstein, Sergei Mikhailovich, *19*
Encubridora (Rancho Notorius, 1952) de Fritz Lang, *23*
Encadenados (Notorious, 1946) de Alfred Hitchcock, *106*
Eran cinco hermanos (The Sullivans, 1944) de Lloyd Bacon, *148*
Esclavos de la tierra (Cabin in the Cotton, 1931) de Michael Curtiz, *41*
Estrella, La (The Star, 1953) de Stuart Heisler, *45*
Estrella de fuego (Flamingo Star, 1960) de Don Siegel, *138*
Et Dieu créa la femme, v. *Y Dios... creó a la mujer*
Eva al desnudo (All About Eve, 1950) de Joseph L. Mankiewicz, *42, 45, 46*
Expediente de Thelma Jordan, El (Thelma Jordan, 1950) de Robert Siodmak, *13*
Exploits of Elaine, The, v. *Misterios de Nueva York, Los*
Expreso de Shanghai, El (Shanghai Express, 1932) de Josef von Sternberg, *22*
Extraña pasajera, La (Now, Voyager, 1942) de Irving Rapper, *45*
Extraño amor de Martha Ivers, El (The Strange Love of Martha Ivers, 1946) de Lewis Milestone, *11, 13*
Extraño mundo de Madame Sin, El (Madame Sin, 1972) de David Greene, *43*

F

Falso culpable (The Wrong Man, 1957) de Alfred Hitchcock, *107*
Family Plot, v. *Trama, La*
Fantasma huye, El (The Time of Their Lives, 1946) de Charles T. Burton, *87*
Faro del fin del mundo, El, v. *Luz del fin del mundo, La*
Fatalidad (Dishonored, 1931) de Josef von Sternberg, *22*
Faulkner, William, *159*
Favorito de la reina, El (The Virgin Queen, 1955) de Henry Koster, *44*
Flamingo Star, v. *Estrella de fuego*
Flesh and Fantasy, v. *Al margen de la vida*
Flesh and the Devil, v. *Demonio y la carne, El*
Flores, Pepa, *99*
Flynn, Errol, *97, 148*
Fonda, Henry, *40*
Fontaine, Joan, *29, 39, 88*
Forajidos (The Killers, 1946) de Robert Siodmak, *32, 34*
Ford, Glenn, *28, 47, 147*
Foster, Jodie, *100*
Foster, Susan, *72*

Freud, Sigmund, *98*
Friné, *117*

G

Gabin, Jean, *149*
Gaos, Lola, *91*
Garbo, Greta, *46, 51, 52, 53, 55, 60, 73, 74, 144, 148, 161-170*
Gardner, Ava, *32, 34, 52, 73*
Garfield, John, *59*
Garnett, Tay, *59*
Garson, Greer, *145*
Gato y el canario, El (*The Cat and the Canary*, 1939) de Elliott Nugent, *91*
Gay Sisters, The (1942) de Irving Rapper, *41*
Gilbert, John, *165*
Gilda (*Gilda*, 1946) de Charles Vidor, *27-28, 128, 147*
Giorgione, *122, 123, 124, 125*
Girardot, Annie, *151-159*
Gish, Lillian, *47*
Gli amanti d'oltretomba (1965), de Mario Caiano, *91*
Glissements progressifs du plaisir, v. *Deslizamientos progresivos del placer*
Godard, Jean-Luc, *72*
Gold Rush, The, v. *Quimera del oro, La*
Gone with the Wind, v. *Lo que el viento se llevó*
Gran Hotel (*Grand Hotel*, 1932) de Edmund Goulding, *164, 169*
Gran pecador, El (*The Great Sinner*, 1949) de Robert Siodmak, *90*
Grant, Cary, *21*
Great Sinner, The, v. *Gran Pecador, El*
Greene, Graham, *98, 99*
Greer, Jane, *32*
Grey, Lita, *95, 96*
Grey, Nan, *72*
Gun Crazy, v. *Demonio de las armas, El*

H

Halcón maltés, El (*The Maltese Falcon*, 1941) de John Huston, *32*
Hale, Georgia, *95*
Hamilton, Margaret, *88*
Hardy, Oliver, *91*

ÍNDICE ALFABÉTICO

Harlot (1964) de Andy Warhol, *55*
Harlow, v. *Harlow, la rubia platino*
Harlow, Jean, *53, 54, 55, 56*
Harlow, la rubia platino (*Harlow*, 1965) de Gordon Douglas, *56, 73*
Harris, Mildred, *95*
Hayworth, Rita, *27, 32, 52, 60, 73, 128, 147*
Heaven Can Wait, v. *Diablo dijo no, El*
Hedren, Tippi, *103-114*
Hedy (1965) de Andy Warhol, *55*
Heflin, Van, *11*
Hellman, Lillian, *41*
Hepburn, Katharine, *43, 148*
Hermanas, Las (*The Sisters*, 1938) de Anatole Litvak, *47*
Herrmann, Bernard, *113*
Hesse, Hermann, *129*
Heston, Charlton, *148*
Heyden, Christina, *119*
Hijo pródigo, El (*The Prodigal*, 1955) de Richard Thorpe, *58, 61*
Hitchcock, Alfred, *88, 105 y ss. póssim*
Hold that Ghost, v. *Agárrame ese fantasma*
Hombre que sabía demasiado, El (*The Man Who Knew Too Much*, 1934) de Alfred Hitchcock, *105, 106*
Hope, Bob, *88*
Horizontes perdidos (*Lost Horizon*, 1937) de Frank Capra, *145*
Horror (1963) de Alberto de Martino, *91*
Howard, Leslie, *43, 44, 98*
How the West Was Won, v. *Conquista del Oeste, La*
How to Murder Your Wife, v. *Cómo matar a la propia esposa*
Hudson, Rock, *54*
Hughes, Howard, *97*
Hunter, Ross, *57*
Hunter, Tab, *54*
Hush... Hush Sweet Charlotte, v. *Canción de cuna para un cadáver*

I

Ilegal, v. *Ligeramente peligrosa*
Imitación a la vida (*Imitation of Life*, 1959) de Douglas Sirk, *57, 58*
Imitation of Life, v. *Imitación a la vida*
Ingres, Jean-Auguste-Dominique, *121*
Insaciables, Los (*The Carpetbaggers*, 1963) de Edward Dmytryk, *73*
In This Our Life, v. *...como ella sola*
Ionesco, Eva, *101*

J

Jannings, Emil, *23*
Jeu avec le feu, Le, v. *Juego con el fuego, El*
Jezabel (*Jezebel*, 1938) de William Wyler, *40, 48*
Jezebel, v. *Jezabel*
Johnny Eager, v. *Senda prohibida*
John Paul Jones, v. *Capitán Jones, El*
Joven, La (*The Young One*, 1960) de Luis Buñuel, *100*
Joyce, Brenda, *90*
Joyce, James, *122*
Juárez (*Juarez*, 1939) de William Dieterle, *44*
Judgement at Nuremberg, v. *Vencedores y vencidos*
Juego con el fuego, El (*Le Jeu avec le feu*, 1975) de Alain Robbe-Grillet, *101*

K

Kafka, Franz, *136*
Karloff, Boris, *138*
Kelly, Grace, *114, 148*
Kid, The, v. *Chico, El*
Kilgallen, Dorothy, *56*
Killer Bees, The (1974) de Curtis Harrington, *41*
Killers, The, v. *Forajidos*
King of Kings, v. *Rey de reyes*
Kinski, Klaus, *101*
Kinski, Nastassja, *101*
Kipling, Rudyard, *98*
Kobal, John, *13*
Kubrick, Stanley, *96, 97*

L

Lady Eve, The, v. *Tres noches de Eva, Las*
Lady from Shanghai, The, v. *Dama de Shanghai, La*
Lake, Veronica, *30, 72, 91*
LaMarr, Barbara, *11*
Lamarr, Hedy, *54, 55, 148*
Lane, Priscilla, *28*
Lang, Fritz, *29*
Last Tango in Paris, v. *Último Tango en París, El*

Latin Lover, v. *Mi amor brasileño*
Lattuada, Alberto, *101*
Laughton, Charles, *23*
Laura (*Laura*, 1944) de Otto Preminger, *88*
Laura de Noves, *98*
Laurel, Stan, *91*
Leave Her to Heaven, v. *Que el cielo la juzgue*
Lección de anatomía, La (Rembrandt), *118*
Lee, Christopher, *138*
Legend of Gösta Berling, The, v. *Leyenda de Gösta Berling, La*
Leigh, Vivien, *40, 148*
Leonardo da Vinci, *117, 169*
Lévi-Strauss, Claude, *39*
Lewis, Jerry, *88*
Leyenda de Gösta Berling, La (*The Legend of Gösta Berling*, 1924) de Mauritz Stiller, *164*
Lifeboat, v. *Náufragos*
Ligeramente peligrosa (*Slightly Dangerous*, 1943) de Wesley Ruggles
Light at the Edge of the World, The, v. *Luz del fin del mundo, La*
Lindsay, Margaret, *40*
Liné, Helga, *91*
Lisi, Virna, *73*
Little Foxes, The, v. *Loba, La*
Lluvias de Ranchipur, Las (*The Rains of Ranchipur*, 1955) de Jean Negulesco, *52, 58, 59*
Loba, La (*The Little Foxes*, 1941) de William Wyler, *41*
Lolita (*Lolita*, 1962) de Stanley Kubrick, *73, 96 y ss.*
Lollobrigida, Gina, *73*
Lo que el viento se llevó (*Gone with the Wind*, 1939) de Victor Fleming, *40*
Lorre, Peter, *138*
Lost Horizon, v. *Horizontes perdidos*
Louise, Anita, *47*
Loy, Myrna, *73*
Lubitsch, Ernst, *19, 20*
Lugosi, Bela, *138*
Luz del fin del mundo, La (*The Light at the Edge of the World*, 1971) de Kevin Billington, *157*

M

MacDonald, Jeannette, *148*
MacMurray, Lillita, *95*

Macpherson, Don, *52*
Macready, George, *28*
Madame Sin, v. *Extraño mundo de Madame Sin, El*
Madame X, v. *Mujer X, La*
Mädchen in Uniform, v. *Muchachas de uniforme*
Maeterlinck, Maurice, *167*
Magnani, Anna, *149*
Magnificent Ambersons, The, v. *Cuarto mandamiento, El*
Malle, Louis, *72*
Maltese Falcon, The, v. *Halcón maltés, El*
Mamoulian, Rouben, *19, 166*
Manet, Édouard, *121 y ss. pássim*
Mangano, Silvana, *149*
Mano que aprieta, La, o Los misterios de Nueva York (The Clutching Hand, 1914-1915) de Louis Gasnier y George B. Seitz, *146-147*
Man Who Came to Dinner, The (1942) de William Keighley, *41*
Man Who Knew Too Much, The, v. *Hombre que sabía demasiado, El*
Mañana será tarde (Domani è troppo tardi, 1949) de Léonide Moguy, *100*
Marcantonio Rainieri, *122*
Mardsen, Julie, *40*
Margarita Gautier (Camille, 1936) de George Cukor, *144, 164, 167*
Marisol, v. Flores, Pepa
Marisol rumbo a Río (1963) de Fernando Palacios, *99*
María Walewska (Conquest, 1937) de Clarence Brown, *164, 168*
Marnie la Ladrona (Marnie, 1964) de Alfred Hitchcock, *103-114*
Marruecos (Morocco, 1930) de Joseph von Sternberg, *21, 23*
Marsé, Juan, *99*
Martin, Dean, *88*
Marx, Groucho, *148*
Más allá del bosque (Beyond the Forest, 1949) de King Vidor, *43*
Más allá de la duda (Beyond a Reasonable Doubt, 1956) de Fritz Lang, *29-30*
Máscara del demonio, La (Mask of the Demon/Revenge of a Vampire/Black Sunday, 1960) de Mario Bava, *135, 137, 138*
Mascota del regimiento, La (Wee Willie Winkie, 1937) de John Ford, *98*
Mask of the Demon, v. *Máscara del demonio, La*
Mason, James, *97*
Matador (1985) de Pedro Almodóvar, *43*
Mata Hari (Mata Hari, 1931) de George Fitzmaurice, *164, 167*
Mature, Victor, *148*
Maugham, William Somerset, *42*
Mauss, Marcel, *39*

Mayer, Louise B., *56*
Meersman, Kay, *100*
Melodías de Broadway (*Broadway Melody*, 1929) de Harry Beaumont, 149
Menjou, Adolphe, *22*
Metro Goldwyn Mayer, *56, 58, 59, 136, 144, 165*
Mi adorable idiota (*Une Ravissante idiote*, 1963) de Édouard Molinaro, *69, 70, 71, 82*
Mi amor brasileño (*Latin Lover*, 1953) de Mervyn LeRoy, *60*
Midler, Bette, *51*
Mildred Pierce, v. *Alma en suplicio*
Minnelli, Vincente, *59*
Minotauromaquia (Pablo Picasso), *127*
Miranda, Isa, *149*
Mr. Skeffington, v. *Señor Skeffington, El*
Misterios de Nueva York, Los (*The Exploits of Elaine*, 1914-1915) de Louis Gasnier y George B. Seitz, *146*
Mitchum, Robert, *32*
Monna Lisa (Lonardo da Vinci), *169*
Monroe, Marilyn, *31, 55, 56, 61, 74, 163, 167*
Montez, María, *148*
Montez, Mario, *55*
Moorehead, Agnes, *90*
Morayta, Miguel, *91*
More Milk, Evette (1965) de Andy Warhol, *55*
Morgan, Michèle, *149*
Morin, Edgar, *53*
Morocco, v. *Marruecos*
Muchachas de uniforme (*Mädchen in Uniform*, 1931) de Leontine Sagan, *145*
Mujer de las dos caras, La (*Two-Faced Woman*, 1941) de George Cukor, *164*
Mujer divina, La (*The Divine Woman*, 1928) de Victor Sjöström, *164*
Mujer misteriosa, La (*The Misterious Lady*, 1928) de Fred Niblo, *164*
Mujer X, La (*Madame X*, 1966) de David Lowell Rich, *58*
Myra Breckinridge (*Myra Breckinridge*, 1970) de Michael Sarne, *54*
Mysterious Lady, The, v. *Mujer misteriosa, La*

N

Nabokov, Vladimir, *96, 97, 98, 99*
Nada arriesgado, v. *Ilegal*
Náufragos (*Lifeboat*, 1944) de Alfred Hitchcock, *110*

Nazimova, Alla, *164*
Niágara (*Niagara*, 1953) de Henry Hathaway, *31*
Night of the Iguana, The, v. *Noche de la Iguana, La*
Ninotchka (*Ninotchka*, 1939) de Ernst Lubitsch, *157, 168*
Nizan, Paul, *135*
Noche de la Iguana, La (*The Night of the Iguana*, 1964) de John Huston, *41*
North by Northwest, v. *Con la muerte en los talones*
Notorious, v. *Encadenados*
Novak, Kim, *73, 128*
Now, Voyager, v. *Extraña pasajera, La*
Nuer, *119*
Número equivocado (*Sorry, Wrong Number*, 1948) de Anatole Litvak, *13*
Nutty Professor, The, v. *Profesor chiflado, El*

O

Oberon, Merle, *73*
Of Human Bondage, v. *Cautivos del deseo*
Old Acquaintance, v. *Vieja amistad*
Olea, Pedro, *91*
Olivier, Laurence, *88*
Olvidados, Los (1950) de Luis Buñuel, *100*
Olympia (Édouard Manet), *101, 123-126, 129*
Ondine, *55*
Orquídeas salvajes (*Wild Orchids*, 1929) de Sidney A. Franklin, *164*
O'Sullivan, Maureen, *148*
Out of the Past, v. *Retorno al pasado*

P

Pabst, Georg Wilhelm, *112*
Pacto de sangre, V. *Perdición*
Pájaros, Los (*The Birds*, 1963) de Alfred Hitchcock, *106, 110, 114*
Palacios, Begoña, *91*
Pánico en la escena (*Stage Fright*, 1950) de Alfred Hitchcock, *22*
Paradine Case, The, v. *Proceso Paradine, El*
Paramount, *19*
Parasite Murders, The v. *Vinieron de dentro de...*
Pattison, Danick, *100*
Payment on Demand, v. *Egoísta, La*

ÍNDICE ALFABÉTICO

Perdición (*Double Indemnity*, 1944) de Billy Wilder, *14, 33, 53, 60*
Perkins, Anthony, *88*
Perversidad (*Scarlet Street*, 1945) de Fritz Lang, *33*
Peters, Jean, *23*
Petrarca, *98*
Petrified Forest, The, v. *Bosque petrificado, El*
Peyton Place, v. *Vidas borrascosas*
Picasso, Pablo, *127*
Pickford, Mary, *98*
Picnic (*Picnic*, 1956) de Joshua Logan, *128*
Piñeira, Virgilio, *154*
Piranesi, Giambattista, *128*
Piraña (*Piranha*, 1978) de Joe Dante, *139*
Pit and the Pendulum, The, v. *Pozo y el péndulo, El*
Plinio el Viejo, *120*
Poe, Edgar Allan, *13, 91*
Poe, James, *139*
Portrait in Black, v. *Retrato en negro*
Postman Always Rings Twice, The, v. *Cartero siempre llama dos veces, El*
Powell, Eleanor, *147*
Power, Tyrone, *22*
Pozo y el péndulo, El (*The Pit and the Pendulum*, 1961) de Roger Corman, *137, 138*
Presley, Elvis, *97, 138*
Pretty Baby (1950) de Bretaigne Windust, *96, 101*
Price, Vincent, *138*
Pivate Lives of Elizabeth and Essex, The, v. *Vida privada de Elizabeth y Essex, La*
Proceso Paradine, El (*The Paradine Case*, 1947) de Alfred Hitchcock, *106*
Prodigal, The, v. *Hijo pródigo, El*
Profesor chiflado, El (*The Nutty Professor*, 1963) de Jerry Lewis, *73*
Psicosis (*Psycho*, 1960) de Alfred Hitchcock, *88, 106, 108, 113*
Psycho, v. *Psicosis*
Purple Rose of Cairo, The, v. *Rosa púrpura de El Cairo, La*
Pushkin, Aleksandr Sergeievich, *125*

Q

Queen Christina, v. *Cristina de Suecia*
Que el cielo la juzgue (*Leave her to Heaven*, 1945) de John M. Stahl, *30*
¿Qué fue de Baby Jane? (*What Ever Happened to Baby Jane?* 1962) de Robert Aldrich, *43, 46*

DIABLESAS Y DIOSAS

Querida Brigitte (*Dear Brigitte*, 1965) de Henry Koster, **71**
Quimera del oro, La (*The Gold Rush* 1925) de Charles Chaplin, **95**
Quinn, Anthony, **57**

R

Rafael Sanzio, **122**
Raft, George, **148**
Rains of Ranchipur, The, v. *Lluvias de Ranchipur, Las*
Rancho Notorious, v. *Encubridora*
Rank, **138**
Rapto de las hijas de Leucipo, El (Peter Paul Rubens), **121**
Rathbone, Sir Basil, **139**
Rear Window, v. *Ventana indiscreta, La*
Rebeca (*Rebecca*, 1940) de Alfred Hitchcock, **87, 88, 106**
Rebecca, v. *Rebeca*
Recuerda (*Spellbound*, 1945) de Alfred Hitchcock, **111**
Recuerda la noche (*Remember the Night*, 1940) de Mitchell Leisen, **12**
Reina de África, La (*The African Queen*, 1951) de John Huston, **43**
Rembrandt, **118**
Remember the Night, v. *Recuerda la noche*
Retorno al pasado (*Out of the Past*, 1947) de Jacques Tourneur, **32**
Retrato en negro (*Portrait in Black*, 1960) de Michael Gordon, **57**
Revenge of a Vampire, v. *Máscara del demonio, La*
Rimsky-Korsakov, Nikolai Andreievich, **19**
Río, Dolores del, **148**
Roaring Twenties, The, v. *Violentos años veinte, Los*
Robbe-Grillet, Alain, **101**
Robbins, Harold, **57**
Robinson, Edward G., **33**
Rocco e i suoi Fratelli, v. *Rocco y sus hermanos*
Rocco y sus hermanos (*Rocco e i suoi Fratelli*, 1960) de Luchino Visconti, **153 y ss. pássim.**
Rodríguez, José Miguel, **13**
Rogers, Ginger, **147, 148**
Rohmer, Enric, **101**
Rooney, Mickey, **145**
Rosa Púrpura de El Cairo, La (*The Purple Rose of Cairo*, 1984-1985) de Woody Allen, **44**
Rourke, Michael, **149**
Rubens, Peter Paul, **121**
Ruspoli, Esmeralda, **115-131**
Russell, Jane, **147**

S

Sackville-West, Vita, *165*
Salomé (*Salome*, 1953) de William Dieterle, *88*
Salvatore, Renato, *155, 157, 158*
Sanders, George, *148*
Scapegoat, The, v. *Donde el círculo termina*
Scarlet Empress, v. *Capricho imperial*
Schneider, Maria, *100*
Schell, Maximilian, *23*
Scott, Lizabeth, *32, 34*
Scott, Zachary, *30*
Seberg, Jean, *73*
Senda porhibida (*Johnny Eager*, 1941) de Mervyn LeRoy, *58*
Señor Skeffington, El (*Mr. Skeffington*, 1944) de Vincent Sherman, *45*
Serna, Assumpta, *43*
Ser o no ser (*To Be or Not to Be*, 1942) de Ernst Lubitsch, *20*
Seven Brides for Seven Brothers, v. *Siete novias para siete hermanos*
Shakespeare, William, *98*
Shanghai Express, v. *Expreso de Shanghai, El*
Shearer, Norma, *98*
Shields, Brooke, *100*
Siete novias para siete hermanos (*Seven Brides for Seven Brothers*, 1954) de Stanley Donen, *149*
Silent Scream (1979) de Denny Harris, *139*
Simon, Simone, *100*
Sisters, The, v. *Hermanas, Las*
Slightly Dangerous, v. *Ligeramente peligrosa*
Smith, Jack, *55*
Sondergaard, Gale, *90, 91*
Song of Songs, v. *Cantar de los Cantares, El*
Sorry, Wrong Number, v. *Número equivocado*
Southern, Eve, *21*
Spellbound, v. *Recuerda*
Spider Woman Strikes Back (1944) de Roy William Neill, *90*
Stage Fright, v. *Pánico en la escena*
Stanwyck, Barbara, *9-15, 33, 41, 45, 52, 53, 60*
Star, The, v. *Estrella, La*
Steele, Barbara, *88, 89, 91, 133-140*
Stein, Gertrude, *165*
Stella Dallas (*Stella Dallas*, 1937) de King W. Vidor, *13*
Sternberg, Josef von, *19, 21, 22, 23, 101*
Stevens, Stella, *73*
Stewart, James, *71, 105, 136*

Stiller, Mauritz, *164*
Stompanato, Johnny, *55, 57, 58*
Storm Center (1956) de Daniel Taradash, *44*
Strange Love of Martha Ivers, The, v. *Extraño amor de Marta Ivers, El*
Sullivans, The, v. *Eran cinco hermanos*
Sunset Boulevard, v. *Crepúsculo de los dioses, El*
Su propia víctima (*Dead Ringer*, 1964) de Paul Henreid, *47*
Susan Lenox (*Susan Lenox*, 1930) de Robert Z. Leonard, *164*
Swanson, Gloria, *41*

T

Taylor, Elizabeth, *73*
Taylor, Robert, *144, 148*
Taxi Driver (*Taxi Driver*, 1976) de Martin Scorsese, *100*
Temple, Shirley, *98, 99*
Temptress, The, v. *Tentación*
Ten Commandments, The, v. *Diez Mandamientos, Los*
Tentación (*The Temptress*, 1920) de Fred Niblo, *164*
Testigo de cargo (*Witness for the Prosecution*, 1958) de Billy Wilder, *22, 23*
Thelma Jordan, v. *Expediente de Thelma Jordan, El*
This Gun for Hire, v. *Cuervo, El*
Three Musketeers, The, *Tres Mosqueteros, Los*
Tierney, Gene, *30, 148*
Time of Their Lives, The, v. *Fantasma huye, El*
Tiziano, *122, 123, 124, 125*
To Be or Not to Be, v. *Ser o no ser*
To Catch a Tief, v. *Atrapa a un ladrón*
Todd, Richard, *23*
Tomb of Ligeia, The, v. *Tumba de Ligeia, La*
Tone, Franchot, *40*
Toren, Marta, *148*
Torero muerto, El (Édouard Manet), *126-127*
Torrent, The, v. *Torrente, El*
Torrente, El (*The Torrent*, 1926) de Monta Bell, *164*
Torri, Julio, *140*
Toulouse-Lautrec, Henri-Marie de, *101*
Tracy, Spencer, *43, 145, 148*
Trama, La (*Family Plot*, 1975-1976) de Alfred Hitchcock, *106*
Travolta, John, *149*
Tres Mosqueteros, Los (*The Three Musketeers*, 1948) de George Sidney, *58, 60*

ÍNDICE ALFABÉTICO

Tres noches de Eva, Las (*The Lady Eve*, 1941) de Preston Sturges, *13*
Trintignant, Jean-Louis, *136*
Tristana (1970) de Luis Buñuel, *91*
True Grit, v. *Valor de ley*
Tumba de Ligeia, La (*The Tomb of Ligeia*, 1964) de Roger Corman, *138*
Turner, Kathleen, *149*
Turner, Lana, *33, 49-61*
20th Century Fox, *99, 138*
Two-Faced Woman, v. *Mujer de las dos caras, La*

U

Último tango en París (*The Last Tango in Paris*, 1972) de Bernardo Bertolucci, *100*
Una mujer de París (*A Woman of Paris*, 1923) de Charles Chaplin, *95*
Una vez a la semana (*Boys Night Out*, 1962) de Michael Gordon, *73*
Una vida robada (*A Stolen Life*, 1946) de Curtis Bernhardt, *47*
Une Ravissante Idiote, v. *Mi adorable idiota*
Ungari, Enzo, *55*
Usurpadores, Los (*The Spoilers*, 1942) de Ray Enright, *23*

V

Vadim, Roger, *71*
Valentino, Rodolfo, *61*
Valéry, Paul, *126*
Valli, Alida, *106, 149*
Valor de ley (*True Grit*, 1969) de Henry Hathaway, *136*
Vartan, Sylvie, *79, 81*
20.000 años en Sing Sing (*20.000 Years in Sing Sing*, 1933) de Michael Curtiz, *43*
Vencedores o vencidos. El juicio de Nuremberg (*Judgement at Nuremberg*, 1961) de Stanley Kramer, *23*
Ventana indiscreta, La (*Rear Window*, 1954) de Alfred Hitchcock, *106*
Venus de Dresden (Gorgione), *123*
Venus de Urbino (Tiziano), *123-124*
Venus rubia, La (*Blonde Venus*, 1932) de Josef von Sternberg, *20, 22*
Vértigo (*Vertigo*, 1958) de Alfred Hitchcock, *106, 108, 111, 113*
Vidas borrascosas (*Peyton Place*, 1957) de Mark Robson, *57, 58*
Vidal, Gore, *54*
Vida privada de Elizabeth y Essex, La (*The Private Lives of Elizabeth and Essex*, 1939) de Michael Curtiz, *44*

Vidor, King W., *43*
Vieja amistad (*Old Acquaintance*, 1943) de Vincent Sherman, *46, 47*
Viertel, Salka, *165, 166*
Villiers de l'Isle-Adam, Auguste de, *167*
Villon, François, *44*
Vinieron de dentro de... (*The Parasite Murders*, 1974) de David Cronenberg, *139, 140*
Violentos años veinte, Los (*The Roaring Twenties*, 1939) de Raoul Walsh, *28*
Virgin Queen, The, v. *Favorito de la reina, El*
Vuelta al mundo en 80 días, La (*Around the World in 80 Days*, 1956) de Michael Anderson, *23*

W

Walker, Alexander, *57*
Walsh, Raoul, *29*
Ward, Fanny, *45*
Warhol, Andy, *54, 55*
Watcher in the Woods, The (1980-1982) de John Hough y Vincent McEveety, *41*
Watch on the Rhine (1943) de Vincent Sherman y Herman Shumlin, *44*
Waugh, Evelyn, *99*
Wayne, John, *136*
Weaver, Sigourney, *149*
Wedekind, Frank, *21, 112*
Wee Willie Winkie, v. *Mascota del regimiento, La*
West, Mae, *22, 55, 60, 163*
Whales of August, The, v. *Ballenas de agosto, Las*
What Ever Happened to Baby Jane?, v. *¿Qué fue de Baby Jane?*
Where Love Has Gone, v. *Adónde fue el amor*
Widmark, Richard, *136*
Wilde, Cornel, *30*
Wilde, Oscar, *165*
Wild Orchids, v. *Orquídeas salvajes*
Williams, Tennessee, *54*
Winter Meeting (1947) de Bretaigne Windust, *44*
Witness for the Prosecution, v. *Testigo de cargo*
Wood, Natalie, *73*
Woodlawn, Holly, *55*
Wray, Fay, *148*

Wrong Man, The, v. *Falso culpable*
Wyler, William, **40, 42, 112**
Wyman, Jane, **42, 52**

Y

Y Dios... creó a la mujer (*Et Dieu créa la femme*, 1956) de Roger Vadim, **99**
Young, Loretta, **147**

Z

Zaguri, Bob, **71**
Zulúes, **118, 120, 128**
Zweig, Stefan, **21**

Esta edición de
Diablesas y Diosas
se terminó de imprimir
el día 9 de julio
de 1990 en los talleres de
Romanyà/Valls, S. A.
de Capellades